Pietro Archiati
Jahrtausendwende

Pietro Archiati

Jahrtausendwende – Menschheit wohin?

Die Zeichen der Zeit und die
Wiedererscheinung Christi

Verlag Freies Geistesleben

Neufassung des Textes für die deutsche Ausgabe
durch den Autor auf der Grundlage der Übersetzung
aus dem Italienischen von Barbara Avato

ISBN 3-7725-1618-1

2. überarbeitete Auflage 1997
Verlag Freies Geistesleben
Landhausstraße 82, 70190 Stuttgart
© 1997 Verlag Freies Geistesleben & Urachhaus GmbH, Stuttgart
Nach den Regeln der neuen Rechtschreibung
Einbandgestaltung: Walter Schneider (© Foto: Mauritius)
Druck : WB Druck, Rieden am Forggensee

Inhalt

III. Der drohende Ost-West-Konflikt und die Menschheitsmission Mitteleuropas
66

IV. Das Wiedererscheinen Christi und der Herr des Karmas
98

V. Die Inkarnation Ahrimans und die vorbereitenden Machinationen
129

VI. Sanfte Übergänge und apokalyptische Umbrüche in der Entwicklung
164

Vorwort

Unsere Jahrtausendwende ist die erste in der Geschichte der Menschheit, die von einem planetarischen Bewusstsein begleitet sein kann. Die Menschheit ist durch Wissenschaft und Technik zu einer Einheit verschmolzen worden, in der Sonderwege nicht mehr möglich sind. Nicht weniger ist die Erde durch das ökologische Aufwachen zu einer unteilbaren Einheit geworden.

Ost und West suchen unentwegt nach einer Vermittlung, damit ihre Beziehung nicht in ein tragisches Aufeinanderprallen ungeahnten Ausmaßes ausartet. Diese Vermittlung, die nur durch eine dritte Kraft der Mitte erfolgen kann, ist in der Versöhnung zwischen der platonischen und der aristotelischen Weltauffassung zu sehen.

Diese Jahrtausendwende ist laut Rudolf Steiner die Zeit der entscheidenden Vorbereitung zur einmaligen Inkarnation «Ahrimans», der geistigen Wesenheit, die alle Impulse der irdischen Macht in sich vereinigt. Ihr Motto lautet: Mein Reich ist von dieser Welt. Dem steht gegenüber die in unserer Zeit beginnende Erfahrung der Wiedererscheinung Christi; diese geschieht nicht auf dem physischen Plan. Sein Grundsatz heißt: Mein Reich ist nicht von dieser Welt.

Mögen diese Seiten, denen wiederum Vorträge zugrunde liegen, die ich in Rom gehalten habe, dem Leser dazu verhelfen, unsere schicksalhafte, ja wahrhaft apokalyptische Zeit besser zu verstehen, um verantwortungsvoll an der Gestaltung der Jahrtausendwende im Sinne des Guten mitzuwirken.

Pietro Archiati

I.

Das Gute und das Böse
in der Entwicklung zur Freiheit

Das Thema, das uns in den nächsten Tagen beschäftigen wird, ist ein sehr wichtiges. Es ist etwas, was jeden heute lebenden Menschen zutiefst angeht. Die Menschheit lebt mitten im Übergang vom zweiten zum dritten Jahrtausend. Besonders in esoterischen Überlieferungen der Menschheit wurde immer wieder gesagt, dass diese Jahrtausendwende von bedeutsamen Umwälzungen begleitet sein werde.

Die Geisteswissenschaft Rudolf Steiners ist darum bemüht, in den vorhergesagten «apokalyptischen» Ereignissen der Jahrtausendwende weniger äußerliche, sensationelle Katastrophen zu sehen als vielmehr einen Schwellenübergang in der inneren Entwicklung des Menschenbewusstseins und der moralischen Kräfte. Das Äußerlich-Physische wird als Anregung, als Bedingung gesehen für die großen, apokalyptisch-neuen Chancen der Freiheitsentwicklung der Menschen. Auch wenn das Äußerliche katastrophal und leidvoll erscheint, ist es trotzdem nicht das Eigentliche und Wesentliche: Es geschieht immer als einzig verbliebene Möglichkeit, den Menschen auf gravierende und langandauernde Versäumnisse in der positiven Entwicklung zur Freiheit aufmerksam zu machen, um ihn, sei es noch in der allerletzten Stunde, wachzurütteln und zur Besinnung zu bringen.

Ich werde in dieser ersten Betrachtung versuchen, einige grundlegende Perspektiven und Gesichtspunkte zu entwickeln, die unerlässlich sind, um die besonderen und einmaligen Ereignisse an der Jahrtausendwende in ihrer Bedeutung für die Gesamtentwicklung und für das tägliche Leben zu erfassen.

Das Gute und das Böse in der Entwicklung zur Freiheit

Ich stelle die Frage nach dem Guten und Bösen an den Anfang unserer die Ereignisse am Ende dieses Jahrtausends betreffenden Überlegungen, weil es bei diesen Ereignissen stets um die Auseinandersetzung zwischen Gut und Böse geht. Wir können zum Beispiel das Mysterium der Inkarnation Ahrimans und das Mysterium der geistigen Wiedererscheinung Christi, von denen die Rede sein wird, als die zwei einander gegenüberliegenden Pole des Bösen und des Guten betrachten und sagen, dass der Mensch dazu berufen ist, ihnen gegenüber Stellung zu beziehen und dadurch seine Freiheit auszuüben.

Verbunden mit der Frage des Guten und des Bösen ist die Frage der Entwicklung in der Zeit. Zum Bösen gehört jeweils das Versäumen eines Guten durch Zurückbleiben. Dieses Versäumen setzt wiederum voraus, dass Zeit und Entwicklung nicht nur Wiederholungen enthalten, sondern auch einmalige Entwicklungskonstellationen und -möglichkeiten, die nicht in der ganz gleichen Form zurückkehren. Um es mit einem Bild zu sagen: es gibt in der Entwicklung sowohl Zyklisches wie auch Lineares. Das Ineinanderweben dieser zwei Dimensionen erzeugt erst die vielfältige Dynamik aller Entwicklung. Für die Übung der menschlichen Freiheit werden immer wichtiger die Aspekte des Unwiederholbaren, die der unendlichen Vielfalt des Geistes eigen sind, während das Sich-Wiederholende, welches mehr dem Leiblich-Materiellen anhaftet, zunehmend zur Bedingung und Grundlage für die Entwicklung des Menschengeistes wird.

Durch seine Freiheit hat der Mensch die Möglichkeit, jede einmalige Konstellation evolutiver Faktoren sozusagen beim Schopfe zu fassen. Ist er jedoch nicht wach genug, den richtigen Augenblick wahrzunehmen, lässt er zum Beispiel die sich am Ende unseres Jahrhunderts bietenden einmaligen Entwicklungsmöglichkeiten unbeachtet liegen, dann sind sie für ihn weitgehend umsonst gewesen. Er wird in seinem Wesen um so viel ärmer sein, als er reicher hätte werden können, wenn er die einmalig gebotenen Möglichkeiten aufgegriffen hätte. Vor diese Alternative wird die Wahl der Freiheit im Grunde genommen immer gestellt.

Man fragt sich natürlich, warum die geistige Führung der Menschheit, die doch eine gute und liebende sein muss, jede Konstellation von Entwicklungsmöglichkeiten, in welchen eine ganz bestimmte Dimension des Menschlichen erreicht werden kann, nur ein einziges Mal entstehen lässt. Warum stellt sie die in jeder Hinsicht *ganz gleiche* Konstellation später nicht noch einmal oder mehrmals her? Warum versagt sie all denjenigen, die die erste Gelegenheit versäumt haben, eine weitere, in allen ihren Komponenten gleichwertige Gelegenheit?

Nun, hier stoßen wir bereits auf einen Aspekt, der charakteristisch ist für die Freiheit. Wenn wir immer und unter allen Umständen alles nachholen könnten, würden wir nicht in einer freien, sondern in einer rein zyklischen Welt leben, in einer Welt von lauter Wiederholungen des Gleichen. Wenn wir aber die Geschichte unter Einbeziehung der Freiheit betrachten, so müssen wir sagen, dass Freiheit in all ihren unendlichen Vollzügen auch versäumbar sein muss, das heißt, es muss auch möglich sein, unwiderruflich Freiheit nicht auszuüben. Eine Freiheit, die ich nicht verlieren oder die auszuüben ich nicht unterlassen kann, wäre keine. Es muss stets Entwicklungschancen geben, angesichts derer der Mensch positiv oder auch negativ reagieren kann. Wenn er sie aufgreift, versäumt er nicht, den nicht auf ganz gleiche Weise wiederholbaren Augenblick auszunützen. Aber es muss auch immer die Möglichkeit geben, diese niemals in der ganz gleichen Form wiederkehrenden Gelegenheiten zu versäumen. Um der realen Möglichkeit des Versäumens willen dürfen dieselben Bedingungen in einer ganz bestimmten Konstellation nur einmal geboten werden.

Dies zeigt, wie wichtig es ist, dass wir uns der einmaligen, unwiederbringlichen Entwicklungsbedingungen unserer Zeit bewusst werden. Nehmen wir einmal an, es stimme, was Rudolf Steiner sagt: dass Ahriman (das geistige Wesen, welches – wie wir noch sehen werden – alles daransetzt, zu erreichen, dass der Mensch rein materialistisch lebt und sich mit den Gesetzen der Notwendigkeiten und des Determinismus der Materie identifiziert) die letzten und entscheidenden Vorbereitungen für seine einmalige Inkarnation in unserer Zeit trifft. Da wäre es doch eine folgenschwere Unterlassung von Freiheit, wenn wir diesem Phänomen gegenüber nicht Stellung beziehen würden, wenn wir es übersehen würden. Es würde bedeuten, dass wir das Wichtigste, was um uns herum hinsichtlich der Entwicklungsmöglichkeiten der Freiheit geschieht, verschlafen!

Vom Gesichtspunkt der Freiheit aus betrachtet sind die großen Sünden der Entwicklung *Unterlassungssünden*. Die Fixierung auf «Begehungssünden» ist nicht mehr zeitgemäß. Was man als Böses betrachtet aufgrund von äußeren Normen, die man durch Gehorsam sich zu eigen macht, gilt für die Zeit der Vorbereitung der Freiheit, in der die Voraussetzungen für die Freiheit erst geschaffen werden. Auch kleine Kinder sind zunächst nur der «Begehungssünden» fähig. Sie können alles Mögliche verkehrt machen. Aber sie können noch nichts unterlassen oder versäumen im eigentlichen Sinne, weil sie noch nicht die Wahl der Freiheit haben.

Aber je mehr der Mensch zur Freiheit emporsteigt, je fähiger er wird, Freiheit auszuüben, desto mehr sind die wirklich gravierenden Sünden Unterlassungssünden. Dies erklärt uns, warum man sich in der westlichen Tradition dem Mysterium des Bösen stets von Seiten der Negativität zu nähern versucht hat, warum man, mit anderen Worten, stets bestrebt war, das Böse als einen Mangel oder ein Fehlen, als eine Unterlassung, ein Nichts, kurz als Abwesenheit eines Guten zu betrachten.

Ferner werden wir sehen, dass wir die wahren «Verhängnisse» der Entwicklung nicht in dem sehen dürfen, was sich äußerlich unserer Aufmerksamkeit aufdrängt. Im Zeitalter des Materialismus gibt der Mensch ja viel mehr Gewicht dem, was in der Welt der sichtbaren Erscheinungen vor sich geht, und er neigt dazu, dasjenige, was im Geistigen oder auch in seiner Seele geschieht, zu übersehen und zu vernachlässigen. Die wahren Katastrophen sind jedoch niemals diejenigen, die wir auf dem physischen Plan verzeichnen. Das Äußerliche ist niemals das ursächliche Phänomen, sondern ist immer Wirkung eines Innerlich-Geistigen.

Gut und Böse sind immer geistige Wirklichkeiten; und was im Sichtbaren geschieht, sind nur ihre Manifestationen. Gut ist es, die menschlichen Dimensionen, die im Zuge der Evolution möglich werden, zu erreichen; böse ist es, eine wirklich große geistige Tragödie ist es, diese Stufen des Werdens außer Acht zu lassen.

Sogar etwas noch Überraschenderes muss hier gesagt werden, etwas, was den heutigen Menschen erschüttern kann: Die äußeren Katastrophen, die den Menschen vor das Mysterium des Leidens und des Schmerzes stellen, rühren immer von den *guten* Wesenheiten her, von denen, die die Menschheit lieben. Sie lassen diese Prüfungen nämlich nur dann zu, wenn sie notwendig geworden sind, um den Menschen aufzurütteln, um ihm bewusst zu machen, wie viel er versäumt, um ihn merken zu lassen, wie er dadurch sich selbst zerstört. Damit er nachholt, was er noch nachholen kann. Die bösen Mächte wollen das wachrüttelnde und somit rettende Leiden nicht.

Das menschliche Gute ist der Mensch

Nichts ist für den Menschen besser als das Menschsein. Um zu verstehen, was gut ist, müssen wir dasjenige immer gründlicher zu erfassen versuchen, müssen wir immer tiefer in dasjenige eindringen, was der Mensch selbst ist; denn das Gute kann für den Menschen nichts anderes sein als die Fülle des Menschlichen. Es gibt nichts Besseres für den Menschen als ganz Mensch zu sein.

Christentum ist, wie jede wahre Religion, Humanismus: Christus hat das Wort «christlich» niemals verwendet, sondern er hat einfach menschlich gesprochen. Seine

Worte und seine Taten sind Äußerungen des reinen Menschlichen. Er hat sich «Menschensohn» genannt. Das Wort «christlich» kam erst später auf – Christus hat es nie nötig gehabt.

Das Mysterium des Menschen ist zugleich die Gesamtwirklichkeit der Entwicklung. Das Gesamtgute der Entwicklung ist die Menschwerdung von Seiten des Menschen. In der *Mensch*werdung Christi ist alles Gute vorweggenommen worden, was jeder Mensch real werden kann. Selbst die «göttliche» Stufe ist in der vollendeten *Menschwerdung* mit eingeschlossen.

Immer tiefer und umfassender zu verstehen, worin die Fülle des Menschlichen besteht, ist die Gesamtaufgabe des menschlichen Denkens. Diese Fülle allmählich zu verwirklichen ist die Aufgabe des menschlichen Wollens und Handelns. Wir kommen mit dem Positiven und Guten der menschlichen Natur niemals zu einem Ende. Sie sind unerschöpflich!

Wenn das moralisch Gute, absolut gesehen, für den Menschen darin besteht, immer wesenhafter «Mensch» zu werden, worin besteht dann das spezifisch Menschliche? Betrachten wir die anderen Reiche, das Mineralreich, das Pflanzenreich und das Tierreich, und stellen wir die Frage: Worin besteht das eigentliche Menschliche?

Wir werden keine Antwort auf diese Frage finden, wir werden das spezifisch Menschliche nicht verstehen, wenn wir nur dasjenige in Betracht ziehen, was der Mensch mit den Mineralien, mit den Pflanzen oder mit den Tieren gemeinsam hat. Wir wissen – denken wir nur an die darwinistische Evolutionstheorie –, dass der Mensch in den letzten Jahrhunderten immer gründlicher und ausschließlicher mit dem Tier verglichen worden ist. Wir können gar nichts dagegen haben, dass man den Menschen mit dem Tier vergleicht. Selbstverständlich hat der Mensch sehr vieles mit den Tieren gemeinsam. Was wir im Tier finden, finden wir auch im Menschen. Den Menschen selbst werden wir aber auf diese Weise nicht kennen lernen! Was wir kennen lernen werden, ist lediglich das Tier im Menschen.

Die liebende Freiheit macht den Menschen

Es bleibt also die Frage bestehen, ob es – über dasjenige hinaus, was der Mensch mit dem Tier gemeinsam hat – etwas «spezifisch» Menschliches gibt, etwas, was der Mensch *nicht* mit den Tieren gemeinsam hat, weil es ausschließlich dem Menschen gehört. Wir können mit Aristoteles und den Scholastikern fragen: Gibt es eine «species humana»? Diese wäre das spezifisch Menschliche. Viele Menschen verneinen heute, dass es eine objektiv bestehende besondere Sphäre gibt, die der Mensch nicht mit dem Tier gemeinsam hat.

Die Geisteswissenschaft aber trifft hier mit aller Entschiedenheit eine ganz andere Feststellung; sie sagt: Es gibt eine Seinsweise, es gibt eine spezifische Dimension des Seins, die menschlich ist und nicht tierisch; das ist das Vermögen der *Freiheit*. Was die drei unter-menschlichen Reiche gemeinsam haben, ist die Naturnotwendigkeit, ist die Determiniertheit. Was neu und rein menschlich ist, ist die göttliche Berufung zur Freiheit.

Der Grund, warum die Freiheit immer wieder verneint wird, ist, dass sie nicht automatisch gegeben, dass sie eben nicht «notwendig» ist. Denn eine Freiheit, die automatisch da wäre, wäre keine Freiheit.

Freiheit kann also zunächst nur als Anlage, als Vermögen vorhanden sein. Spezifisch menschlich ist also die Tatsache, dass der Mensch fähig ist, frei zu *werden* – und nicht, dass er bereits frei ist. Wäre der Mensch schon von vornherein frei, so wäre er nicht auf freie Weise frei. Die Fähigkeit zur Freiheit beziehungsweise – um mit Aristoteles und Thomas von Aquin zu sprechen – die reale und wesenhafte Potentialität zur Freiheit ist das spezifisch Menschliche. Und es ist zugleich das besondere Gute des Menschen. Es ist nichts Statisches, es ist eine stete Entwicklungsdynamik.

Die Veranlagung zur Freiheit, zur Schöpfertätigkeit und zum Künstlertum des Geistes ist etwas unendlich Schönes und Gutes, weil darin die wahre Würde des Menschen begründet liegt. Ohne die Potentialität der Freiheit wären wir Naturwesen, könnten wir niemals «ich» sagen, könnten wir das, was wir tun oder nicht tun, könnten wir unsere Gedanken, unsere Gefühle und alle unsere Taten nicht uns selbst zuschreiben. In dem Augenblick, in dem ich anfange, all dies mir zuzuschreiben, setze ich die Fähigkeit der Freiheit voraus. Und nicht nur das. Ich gehe auch davon aus, dass ich Freiheit real ausübe und erlebe. Ich übernehme eine freie Verantwortung für meine Entwicklung und für die Entwicklung aller Kreatur.

Wir können also durchaus das moralisch Gute des Menschen im Mysterium der schöpferischen und liebenden Freiheit zusammenfassen. Die Summe des moralisch Guten ist beim Menschen die immer in Entwicklung begriffene Verwirklichung der Freiheit. Das moralisch Schlechte, das «Schlimme» besteht in der Unterlassung der Freiheit beziehungsweise in ihrem Verlust. Dies geschieht jedesmal, wenn ich die Ereignisse verschlafe oder wenn ich faulenze: Da bin ich *viel weniger*, als ich sein könnte im positiven Sinne. Dieses «Weniger», dieses Manko ist das Schlimme.

Wenn das Freiheitsvermögen das spezifisch Menschliche ist, können wir uns darin einigen, dass etwas, was wir tun, nur dann schlecht ist, wenn wir, indem wir es tun, weniger frei werden. Wenn wir begründen wollen, dass etwas, was wir tun, schlecht ist, müssen wir genau dies begründen: das wenigstens partielle Versäumen einer real möglichen Freiheitsausübung. Die vergangene Moral hat selten das Gute und das Böse direkt auf die Freiheit bezogen. Wir können aber jeden falsch aufgefaßten Moralismus nur dadurch überwinden, dass wir Gut und Böse allein anhand des Kriteriums der Freiheit beurteilen. Gut ist alles, was den Menschen freier, also menschlicher macht. Schlecht ist alles, was den Menschen weniger frei und damit weniger menschlich macht.

Hier werden viele einwenden: Aber dieses Kriterium ist schwierig, dieses Kriterium ist abstrakt! Man muss es zugeben: Ein solches Kriterium des Moralischen stellt höhere Anforderungen an das Denken, ist eine größere Herausforderung für die menschliche Erkenntnis. Einfacher ist es, sich auf Gebote, Gesetze oder Traditionen und so weiter zu berufen und Gut und Böse nach deren Richtlinien zu bestimmen.

Aber gerade daran, dass wir es bei der Erfassung des realen und konkreten Wesens der menschlichen Freiheit mit einer so schwierigen Denkaufgabe zu tun haben, sehen wir, dass wir in ewiger Entwicklung begriffen sind, dass wir erst am Anfang der Entwicklungsphase stehen, in welcher allmählich die Freiheit zum einzigen Kriterium des Moralischen gemacht wird.

In der Zukunft werden immer mehr Menschen so empfinden: Wenn jemand nicht nachweisen kann, dass eine bestimmte Handlung den handelnden Menschen weniger frei macht, hat er nicht nachgewiesen, dass sie schlecht ist.

Die Freiheit ist nicht ein moralischer Aspekt des Menschen unter anderen. Die Freiheit ist das Ganze. Mit der Freiheit steht und fällt der Mensch. Wenn man der Freiheit entsagt, fällt man in die drei Naturreiche zurück. Und in den drei Naturreichen hat sich der Mensch als Mensch verloren, da ist ihm das spezifisch Menschliche abhanden gekommen. Er wird vielleicht getrieben werden wie ein Tier oder vegetieren wie eine Pflanze oder funktionieren wie eine Maschine – aber als Mensch hat er sich verloren. Und die Tatsache, dass er sich als Mensch verloren hat, ist das Böse. Denn *der Mensch ist das Wesen der Freiheit*, und das moralisch Gute des Menschen ist die Übung der Freiheit.

Die inneren und die äußeren Bedingungen

Alles, was da war, ehe der Mensch fähig wurde, zur Freiheit emporzusteigen, sehen wir beim Kind sich wiederholen. Die reale Fähigkeit der Freiheit ist beim Kind auch nicht gleich von Anfang an da, sondern wird erst nach und nach – angefangen bei der Geburt und durch die gesamte Wachstums- und Erziehungsperiode hindurch – geschaffen. Reale Evolution verlangt immer, dass zuerst die Bedingungen der Freiheit geschaffen werden. Keine Freiheit ist ohne Bedingungen.

Die Dreiheit von *Leib, Seele* und *Geist* ist in der Geisteswissenschaft Rudolf Steiners von grundlegender Bedeutung, wenn es um das Verständnis aller mit dem Menschen zusammenhängenden Wirklichkeiten geht.

Das Leibliche umfasst alle äußerlichen, das Seelische alle innerlichen Bedingungen der Freiheit.

Warum kann es ohne das Leibliche, ohne die Naturgrundlage, keine Freiheit geben? Weil, wenn es das Leibliche, das Nicht-Freie, nicht gäbe, die Freiheit niemals verloren gehen könnte. In einem Kosmos menschlicher Freiheit muss es immer als notwendige Bedingung eine Grundlage der Naturnotwendigkeit geben, eine Dimension, in die der Mensch jederzeit unter Verlust seiner Freiheit zurückfallen kann. Ebenfalls von ausschlaggebender Wichtigkeit ist die andere Tatsache, dass die Freiheit zugleich darin besteht, die Naturgegebenheiten zu «erlösen» und zu «befreien», indem man sie vergeistigt und verwandelt in die reale Erfahrung der denkenden und liebenden Freiheit des Menschen selbst. Ich fasse hier Gedanken zusammen, die ich in *Christentum oder Christus?* ausführlicher dargestellt habe.

Das *Reich des Vaters* (um christliche Begriffe für die Trinität des Kosmos zu verwenden), das heißt das Reich des Leiblichen, der Naturdeterminismen, hat also eine doppelte Funktion: Erstens kann der Mensch dank der Existenz dieses Reiches die Freiheit immer wieder verlieren, indem er in dessen Mechanismen zurückfällt; zweitens hat der Mensch, eben weil es ein Notwendiges gibt, die Möglichkeit, dieses zu erlösen, indem er das, was nicht frei ist, in einen inneren Freiheitsvollzug verwandelt.

Das *Reich des Sohnes* im Menschen ist die Seele des Menschen, das innere Gefüge unseres Wesens. Dieses ist in der Form, in der wir es zunächst vorfinden, reines *Vermögen* der Freiheit, die Fähigkeit der Freiheit. Wir haben ein seelisches Denken, ein seelisches Fühlen und ein seelisches Wollen insofern, als wir in unserem Denken, Fühlen und Wollen uns zunächst nur passiv der umliegenden

Welt gegenüber verhalten. Aber wir haben die reale Fähigkeit in uns, unser Denken, Fühlen und Wollen immer tätiger und schöpferischer zu machen. Wir können in unserem Denken, Fühlen und Wollen immer freier werden. In dem Maße, in dem wir willentliche Freiheit, schöpferische und intuitiv-tätige Wirkenskraft in unser Denken, Fühlen und Wollen einbringen, verwandeln wir Seele in Geist. In diesem Sinne ist die Seele die Gesamtheit der inneren Bedingungen der Freiheit. Sie ist in uns die Gesamtveranlagung zur Kreativität des Geistes.

Diese Welt der Seele ist – christlich ausgedrückt – die Welt des Sohnes. Der Vater gibt uns die Grundlage der äußeren Naturwelt, der Sohn erzeugt im Inneren des Menschen die dreifache Fähigkeit zur Freiheit, nämlich die denkende, die fühlende und die wollende.

Das *Reich des Geistes*, die Erfahrung des Heiligen Geistes ist der geistesgegenwärtige Vollzug der Freiheit, wodurch die Seele in Geist verwandelt wird. Die Fähigkeit der Freiheit will so immer wieder *ausgeübt* werden. Ein guter Pianist hat die Fähigkeit, gut zu spielen. Wenn er aber eine sehr lange Zeit seine Fähigkeit nicht ausübt, verliert er sie allmählich. Eine Sache ist es, etwas zu können, eine andere, es zu tun. Jedes Vermögen kann nur dadurch bestätigt werden, dass es betätigt wird.

Im traditionellen Christentum und in den Evangelien heißt es: Der Vater und der Sohn senden den Heiligen Geist. Dies bedeutet: Die Natur außer uns (der Vater) und die innere Welt der Seele (der Sohn) haben das Ziel und den Sinn, in uns die immer zu erneuernde Erfahrung des Heiligen Geistes, der individuellen Schöpferkraft zu wecken.

Anders ausgedrückt: Die Welt des Vaters und die des Sohnes sind für den Menschen die notwendigen Bedingungen der Freiheit. Darin liegt die zutiefst menschliche, evolutive

Bedeutung dieser Grundaussage des Christentums: Der Vater allein reicht nicht aus, deshalb schickt er den Sohn, der im Inneren des Menschen so wirkt, dass das gemeinsame Wirken von Vater und Sohn gekrönt werden kann durch die menschliche Erfahrung des Heiligen Geistes.

Aristoteles und die platonischen Tugenden

Mit *Aristoteles* kam kurz vor der großen Wende, die das Christus-Ereignis brachte, etwas in die Menschheit, das für ein Verständnis des Mysteriums von Gut und Böse entscheidend wurde. Im Kern, so könnte man sagen, war es schon bei *Platon* da. Aber Platon hatte die Dinge mit seiner Ideenlehre fast nur sub specie aeternitatis betrachtet. Auch die vier platonischen Tugenden waren wie vier Idealzustände, zu denen der Mensch nur aufblicken konnte.

Bei Aristoteles haben wir es mit einem völlig neuen Ansatz zu tun, mit einer neuen Intuition, die prägend wurde für die Folgezeit ebenso wie für das sich entwickelnde Christentum. Es handelt sich um einen Grundgedanken, welcher die Voraussetzung der Freiheit beinhaltet: *Die menschliche Tugend, also das menschlich Gute, ist immer die rechte Mitte zwischen zwei Extremen.* Dieser Gedanke des Aristoteles wurde später von der christlichen Scholastik aufgenommen.

Aristoteles betrachtet die vier platonischen Tugenden – Weisheit, Tapferkeit, Besonnenheit und Gerechtigkeit – jeweils als Gleichgewicht zwischen zwei Extremen. Damit wird die freie Beweglichkeit zwischen einander entgegengesetzten Polen zum Wesen des Moralischen gemacht. Die stete Bemühung, das richtige Gleichgewicht *immer wie-*

der herzustellen, ist nichts anderes als die unermüdliche Übung der Freiheit.

In den Einweihungsschulen der antiken Mysterien war diese Wahrheit schon bekannt. Sie wurde nicht schriftlich festgehalten, sondern nur mündlich überliefert. Nur wenige waren zunächst schon so weit, dass sie eine wesenhafte Erfahrung der Freiheit vorwegnehmen konnten. Schon vor Christi Geburt wussten diese Eingeweihten, dass das Eintreten des Sonnenwesens in die Erde die Bedingungen der individuellen geistigen Autonomie für jeden Menschen vervollständigen würde.

Mit dem Christus-Ereignis sind alle für die menschliche Freiheit notwendigen Bedingungen hergestellt und vollständig erfüllt. Darin liegt das Wirken des Wesens der Liebe. Die *Beziehung zwischen Freiheit und Liebe* kann folgendermaßen ausgedrückt werden: Freiheit wird erlebt im Vollzug der Güte des *eigenen* Wesens; Liebe wird einem *anderen* Wesen erwiesen, indem man ihm die notwendigen Bedingungen für die Entfaltung seiner eigenen Freiheit zur Verfügung stellt. Lieben heißt immer, dem geliebten Wesen Freiheit ermöglichen.

Wenn wir das menschliche Gute in umfassender Weise charakterisieren wollen, können wir also sagen, dass es zwei Wirklichkeiten gibt, die für den Menschen gut sind. Im Umgang mit sich selbst kann jeder *Freiheit* ausüben, er kann wesenhaftes Schöpfertum des Geistes entfalten und auf diese Weise selber zum Wesen der Freiheit werden. Was seinen Nächsten betrifft, so kann er ihm auf immer neue Weise Freiheit ermöglichen durch *Liebe.*

Auch Christus als Sohn der göttlichen Trinität kann nicht für uns Freiheit ausüben. Deswegen sagt er: «Ich muss gehen, sonst kann der Heilige Geist nicht kommen, und ihr könnt ihn nicht erfahren» (vgl. Joh. 16,7). Christus unterscheidet hier deutlich seine Art zu wirken von derjenigen des Heiligen Geistes. Seine Art ist diejenige der Liebe, welche Freiheit möglich macht. Die menschliche Erfahrung des Heiligen Geistes ist dagegen der Freiheits*vollzug*, den nur jeder für sich vollbringen kann.

Wenn der Mensch Freiheit erlebt, so übt er Liebe zu seinem eigenen Wesen, aber es ist eine ganz besondere Liebe: Es ist die moralische Verantwortung gegenüber der eigenen Freiheit. «Liebe deinen Nächsten *wie dich selbst*», heißt der Grundsatz der Liebe. Und die moralische Verantwortung jedes Einzelnen sich selbst gegenüber besteht gerade darin, seine einmalige Individualität immer wesenhafter zu verwirklichen.

Wir können also sagen, dass die Menschen erstmals ein anfängliches Bewusstsein von Freiheit haben konnten, als der aristotelische Gedanke auftauchte, der besagt, dass Freiheit nur dann möglich ist, wenn innerhalb von Polaritäten ein freies Spiel der Kräfte zwischen den Extremen entsteht.

Es muss in allen Dingen die Möglichkeit geben, bis zum Extrem zu gehen – und zwar sowohl in die eine wie auch in die andere Richtung. Durch diese zweifache Möglichkeit entsteht die freie Beweglichkeit zwischen Extremen. Die Übung und die Erfahrung der Freiheit besteht dann darin, auf immer neue Weise das richtige Gleichgewicht herzustellen.

Die goldene Mitte finden oder suchen?

Die Geisteswissenschaft Rudolf Steiners führt diesen zentralen Gedanken des Aristoteles und der Scholastik noch einen Schritt weiter. Aristoteles betrachtet die Dinge noch in einem gewissen Sinne unter einem statischen Gesichtspunkt, wenn er sagt, dass die Tugend, das moralisch Gute, darin bestehe, die richtige Mitte zwischen Extremen zu *finden* und einzuhalten. So besteht beispielsweise für ihn die Tugend der Selbstbeherrschung, was den Umgang mit der eigenen Leiblichkeit betrifft, darin, die rechte Mitte zu finden zwischen einer den Körper zermürbenden Askese auf der einen und einem Leben in Ausschweifung auf der anderen Seite.

Was Aristoteles noch nicht ganz klar sein konnte, ist die Tatsache, dass die goldene Mitte niemals ein stabiles Gleichgewicht sein kann. Der Begriff des Gleichgewichts impliziert, wenn wir die Freiheit einbeziehen, immer eine gewisse Beweglichkeit, denn im Falle eines wirklich stabilen Gleichgewichts – das kein eigentliches Gleichgewicht mehr wäre – hätte ja die Freiheit keine Aufgabe mehr.

Rudolf Steiner vertieft also den Gedanken des Aristoteles auf folgende Weise. Er sagt: Die Erfahrung der Freiheit ist nur möglich, wenn die Wirklichkeit um uns herum uns immer wieder in alle möglichen Ungleichgewichtslagen bringt. Nur so bekommen wir die fortbestehende Aufgabe der Freiheit, Ungleichgewichte immer wieder zu beheben und Gleichgewicht auf immer neue Weise herzustellen. Die Aufgabe besteht nie darin, im Gleichgewicht zu *sein*, sondern im lebendigen Prozess der *Wiederherstellung* des Gleichgewichts.

Wenn ich mich bei einer Einseitigkeit ertappe, muss ich, um wieder ins Gleichgewicht zu kommen, Anstrengungen unternehmen, aufgrund derer ich unweigerlich wenigstens ein wenig zu weit auf die andere Seite gehen muss. Aber gerade weil ich schließlich etwas zu weit in die andere Richtung gehen muss, bekomme ich die Möglichkeit, mich nochmals zurück in Richtung Mitte zu bewegen.

Es liegt eine weise Absicht dahinter, dass die Gesamtheit der Entwicklungsfaktoren so beschaffen ist, dass sie uns auf immer neue Weise aus dem Gleichgewicht bringen, weil auf diese Weise die Erfahrung der Freiheit sich niemals erschöpfen kann. Freiheit ist also immer ein Befreiungs*prozess:* eine Bewusstseins-Dynamik, durch die mir bewusst wird, wo und wie in einer bestimmten Situation Ungleichgewichte entstanden sind; und eine Willens-Dynamik, die darauf gerichtet ist, die jeweils entstehenden Disharmonien von neuem in Harmonie zu bringen.

Wer von außen her, also sozusagen auf automatische Art und Weise, ein Gleichgewicht der Kräfte erwartet, hat nicht verstanden, was Freiheit ist. Es ist, wie gesagt, die notwendige Aufgabe aller Dinge außer und in mir, mich immer wieder in alle möglichen Arten von Ungleichgewicht zu versetzen; meine Aufgabe, die Aufgabe des Ich besteht darin, immer wieder von neuem das Gleichgewicht anzustreben.

Wir können das noch weiter ausführen und sagen: Das menschlich Gute ist das unablässige Streben danach, Ungleichgewichte zu beheben, ein immer neues Gleichgewicht herzustellen – ein Gleichgewicht, das immer wieder verloren gehen muss, um immer wieder auf neue Weise hergestellt werden zu können. Das Gleichgewicht von gestern kann nicht gut sein für heute, denn inzwischen sind die karmischen Faktoren in mir und um mich herum ganz andere geworden. «Wer immer strebend sich bemüht, den können wir erlösen …»

Kommen wir nun auf die vier platonischen Tugenden zurück. Sie sind: Klugheit oder Weisheit, Mut oder Tapferkeit, Mäßigkeit oder Besonnenheit, Gerechtigkeit. Wenn wir sie vom aristotelischen Standpunkt aus betrachten, werden wir feststellen, dass zum Beispiel die beiden Extreme, in deren Mitte die *Weisheit* – das heißt das Streben nach Wahrheit und Welterkenntnis – liegt, einerseits die sinnlose Leidenschaftlichkeit und das unbesonnene Schwärmen für dasjenige, was nüchtern und objektiv betrachtet werden sollte, und andererseits der dumpfe Stumpfsinn, die Interesselosigkeit sind. Letztere Haltung kommt zum Ausdruck, wenn jemand sagt: Ich denke so, dies ist mein Standpunkt, das ist und bleibt meine feste, unabänderliche Meinung … Der Mensch muss immer, was das Streben nach Weisheit angeht, diesen beiden Extremen ausgesetzt sein: schwärmerischer Leidenschaftlichkeit und stumpfer Interesselosigkeit.

Was den *Mut* betrifft, die Tugend der Kühnheit, der Tapferkeit, der Tüchtigkeit, des Könnens, der Stärke, das heißt die Tugend des richtigen Handelns in der Welt, so liegt er zwischen dem Extrem der Tollkühnheit, der Verwegenheit, der Waghalsigkeit, des Draufgängertums, also des Übermaßes an Aggressivität auf der einen und dem der Feigheit, der Hasenfüßigkeit, der Angst, der Resignation und des Verzichts auf der anderen Seite. Auch in Bezug auf die Art und Weise, wie der Mensch sich gegenüber der Welt verhält, besteht die Tugend des Mutes demnach im fortwährenden Streben nach der rechten Mitte zwischen diesen zwei Extremen.

Kommen wir zur *Besonnenheit*: Hier haben wir – wie schon erwähnt – als die eine Einseitigkeit die Askese, die übertriebene Kasteiung des Leiblichen, und als die andere das Sich-gehen-Lassen, die Ausschweifung.

Die rechte Mitte ist nicht nur nicht für alle Menschen gleich, sondern jeder einzelne muss sein Gleichgewicht auch immer wieder von neuem anstreben. Beispielsweise ist die rechte Mitte zwischen Askese und Ausschweifung jeweils eine andere, je nachdem, ob man zwanzig, fünfzig oder siebzig Jahre alt ist. Der aristotelische Begriff der rechten Mitte zielt, zu Ende gedacht, in Richtung Freiheit, eben weil er sich seiner Natur gemäß immer sehr individuell und stets anders ausnehmen muss.

Es gibt also nicht «die» rechte Mitte, das heißt, es gibt keine rechte Mitte, die für alle gleichermaßen Gültigkeit hätte; es kann sie nicht geben. Jeder muss immer wieder herausfinden, wo für ihn wann die rechte Mitte liegt, und sie stets von neuem anstreben. Sie ist niemals vorgegeben.

Die *Gerechtigkeit* im Sinne Platons schließlich umfasst alle anderen Tugenden in einem abgewogenen Verhältnis zueinander. Diesen Gedanken hat Aristoteles eben in seinem methodischen Begriff von der «rechten» Mitte als dem Inbegriff aller Tugenden aufgegriffen.

Das «Böse» des einseitigen Spiritualismus

Alle diese Gegensätze lassen sich auf eine Grund-Polarität zurückführen. Es ist die Polarität Geist – Materie. Der Mensch als Wesen der Freiheit hat die Aufgabe, auf immer neue Weise zwischen Geist und Materie zu vermitteln. Das bedeutet mit anderen Worten, dass es zwei Grundformen des Bösen gibt: den einseitigen *Spiritualismus* und den einseitigen *Materialismus*. Sowohl in der Einseitigkeit des Spiritualismus als auch in der Einseitigkeit des Materialismus verliert sich der Mensch als *Vermittler*, der das eine mit dem anderen versöhnt und auf lebendige Weise miteinander in Wechselwirkung bringt.

Im traditionellen Christentum wurde immer wieder von der Materie als dem Ort des Bösen und vom Geist als dem Ort des Guten gesprochen. Darin liegt aber die Gefahr einer großen Einseitigkeit. Denn der einseitige Spiritualismus ist genauso unmenschlich für den Menschen wie der einseitige Materialismus.

Der einseitige Spiritualismus besteht darin, dass der Mensch danach strebt, sich der Welt der Materie zu entziehen, und die Illusion hegt, in einer rein geistigen Welt das Gute, das Reine, das «Menschliche» finden zu können. Das ist eine Illusion, die zur «Entmenschlichung» führt in dem Sinne, dass sich der Mensch auf diese Weise den menschlichen Aufgaben auf der Erde, das heißt in der Welt der Materie, nicht stellen will. Die Welt der Materie fliehen heißt die Welt fliehen, in der allein der Mensch seine Freiheit und seine Liebe und dadurch seine wahre Menschlichkeit ausüben kann. Wahre menschliche Freiheit und Liebe können nur in der Wechselwirkung zwischen Geist und Materie erlebt werden, in der Verantwortung für die Entwicklung der ganzen irdischen Schöpfung.

Das Christus-Ereignis ist die umfassende Bejahung der Inkarnation, der *Ver-körperung*, das heißt des Sich-Verbindens mit dem «Körper», mit dem Leiblich-Physischen von Mensch und Erde. Es ist die Bestätigung dafür, dass für das menschliche Werden unbedingt ein Ort auf der Erde notwendig ist. Ein zentraler Gedanke der ursprünglichen östlichen Religionen besagt, dass der Mensch das Gute nur im rein Geistigen findet. Das wäre für den heutigen Menschen eine Illusion, weil der Mensch im rein Geistigen niemals die Möglichkeit hätte, all das zu werden, was er einzig und allein in der real ausgeübten Liebe zur Erde und zur Natur werden kann.

Worin besteht, konkreter gesehen, die «Liebe zur Erde», ohne die der Mensch seine Menschlichkeit gar nicht ausüben kann? Sie besteht darin, dass der Mensch im Laufe seiner Entwicklung alle Geschöpfe der Erde freiheits- und liebefähig macht. Denn Freiheit und Liebe ist die Sehnsucht aller Kreatur. Aber nur im Menschen und durch den Menschen können Steine, Pflanzen und Tiere Freiheit und Liebe erleben. Alle Dinge wollen wie der Mensch werden, sie möchten wie er gehen, sprechen und denken können. Die wahre Berufung des Menschen ist es, im Laufe der Entwicklung die ganze Natur zu vermenschlichen. Diese Aufgabe vollzieht er in seinem Denken, indem er intuitiv und schöpferisch das geistige Wesen aller Dinge erfasst und nacherschafft. Er vollbringt sie in seinem Wollen und Handeln, indem er alles Materielle im Laufe der Jahrtausende vergeistigt – mit seinem menschlichen Geist vereinigt – und die «Auferstehung des Fleisches» durch Freiheit und Liebe vollbringt. Wer sich von der Erde sondern will, kann nicht «erlöst» werden, denn die Erlösung des Menschen ist das fortdauernde Werk der Miterlösung der Natur.

Dieses menschliche Böse einer einseitigen Geistigkeit wird in der Geisteswissenschaft Rudolf Steiners einem Wesen zugeschrieben, das «Luzifer» genannt wird. Die Aufgabe dieser Wesenheit besteht darin, dem Menschen diese große Illusion vorzuspiegeln. Wenn der Mensch dies nicht durchschaut, bemerkt er nicht, dass er sich, indem er sich ganz zu spiritualisieren versucht, aller für seine Freiheit notwendigen Bedingungen beraubt und die Ausübung der Freiheit in der Liebe zur Erde versäumt.

Die Tatsache, dass wir zwischen unseren einzelnen Erdenleben eine Zeitspanne in einer rein geistigen Welt verbringen, ist darauf zurückzuführen, dass wir unendlich unvollkommener sind als das Wesen der Liebe, als das Christuswesen, das immer inkarniert bleibt. Seine Verwandlungskraft im Erdenleib ist so absolut, dass die Schwere der Naturnotwendigkeiten niemals Einlass in sein Wesen findet. Mit dem Wort «Christus» ist das geistige Wesen gemeint, das reine Verwandlungs- und Auferstehungskraft innerhalb der Gesamtkräfte des Erdenleibes entfaltet. Seine erlösende und liebende Wirksamkeit ist so rein, dass er es nicht nötig hat, sich von der Erde je zurückzuziehen. So wie er zur Erde sagt: «Dies ist mein Leib», so sagt er zu uns: «Ich werde mit euch sein bis ans Ende der *Erden*zeiten.»

Wir hingegen müssen immer wieder eine Evolutionsphase im rein Geistigen verbringen, wo es nicht möglich ist, im menschlichen Sinne Freiheit auszuüben. Was seine Freiheit betrifft, so macht der Mensch zwischen Tod und neuer Geburt keinen Schritt nach vorn. Er zieht erkenntnismäßig Bilanz aus seinem vergangenen Leben, er rechnet ab, er wird sich dessen bewusst, was er geworden oder nicht geworden ist, und er plant sein nächstes Leben. Aber was das reale Werden in Freiheit angeht, so geschieht da nichts. Denn wenn sich der Mensch in der geistigen Welt genauso in Freiheit weiterentwickeln könnte, brauchte er sich nicht zu inkarnieren. Würden wir behaupten, er könne es, so würden wir die Bedeutung der Erde leugnen.

Die Einseitigkeit des Materialismus

Der einseitige Materialismus ist für uns heute leichter verständlich, weil er das Leben des modernen Menschen hauptsächlich charakterisiert.

Der Materialismus ist zurückzuführen auf die Möglichkeit – die immer vorhanden sein muss –, dass sich der Mensch in den Automatismen, in den Mechanismen der Naturnotwendigkeit verliert und darin aufgeht. Dies ist beispielsweise dann der Fall, wenn seine Leiblichkeit mehr als er selber darüber entscheidet, welche Gedanken, welche Vorstellungen, welche Gefühle und Willensimpulse in ihm entstehen. Eben damit der Einzelne in Freiheit entscheiden kann, eben damit das Leben in der materiellen Welt frei ist, muss es, wie schon erwähnt, die Möglichkeit geben, dass der Mensch «fallen» kann, muss es für den Menschen auch die Möglichkeit geben, seine menschliche Souveränität gegenüber der Materie zu verlieren. Es muss, mit anderen Worten, dem Menschen auch möglich sein, nur noch rein mechanisch zu funktionieren wie eine Maschine oder nur zu vegetieren wie eine Pflanze oder nur nach Trieben und Instinkten sich zu verhalten wie ein Tier.

Auch hier besteht das Böse darin, dass versäumt wird, das spezifisch Menschliche der Freiheit auszuüben. Der Instinkt als solcher ist nicht etwas Böses. Er ist eine Naturgegebenheit. Beim Tier ist er etwas Schönes und auch etwas Gutes und Harmonisches im Gesamthaushalt der Natur. Aber viele fragen: Warum soll es dann moralisch nicht ebenso gut sein, wenn der Mensch wie das Tier aus dem Instinkt handelt? Warum ist im Menschen die Natur, die sich rein im Instinkt äußert, nicht gut?

Hier kann nur das vorhin aufgestellte Kriterium des Guten und Bösen uns zu Hilfe kommen, wenn wir nicht moralisieren wollen. Wir sagten: Böse kann nur dasjenige sein, wodurch der Mensch, wenn auch nur zum Teil, seine Freiheit verliert, und eben aus diesem Grunde. So geht es darum, nachzuweisen, dass der Mensch, der *nur* instinktiv handelt, die Übung der Freiheit und somit seiner Menschlichkeit versäumt.

Nehmen wir beispielsweise den Instinkt, Nahrung aufzunehmen. Die Nahrungsaufnahme ist notwendige

Bedingung der Freiheit. Aber es besteht die Möglichkeit, diesen so kostbaren Instinkt der Nahrungsaufnahme *gegen* die Freiheit zu wenden, nämlich wenn wir übertreiben. Dies ist dann der Fall, wenn die Ernährung nicht mehr Mittel für die Entfaltung und die Erfahrung der eigenen Menschlichkeit ist, sondern zum Selbstzweck gemacht wird. Dann ernähre ich mich nicht mehr, um *als Mensch* zu leben, sondern lebe, um mich zu ernähren. In anderen Worten: Die Freiheit besteht gerade darin, dass jeder Instinkt – das Tierhafte im Menschen – sowohl *für* wie auch *gegen* die Freiheit des Menschen gestaltet werden kann, je nachdem, ob er als Mittel oder als Zweck erlebt und gehandhabt wird.

Wir befinden uns so lange im Bereich des Guten, als unser Instinkt uns dient, als er notwendige Bedingung für die Entfaltung des spezifisch Menschlichen in uns ist, als Freiheit voll ausgeübt wird. In den Bereich des Bösen kommen wir erst dann, wenn der Instinkt in einer Weise wirkt, dass die Freiheit beeinträchtigt, vermindert wird. Das Kriterium für das menschlich Gute und Böse ist und bleibt die Freiheit.

Schließlich stoßen wir, wenn sich der Mensch derart den Naturgesetzen unterwirft, auch noch auf jenen anderen Aspekt des Bösen, den wir bereits beim Spiritualismus gesehen haben und der darin besteht, dass es der Mensch versäumt, die Materie zu erlösen. Denn wenn der Mensch, das Wesen der Freiheit, dahin kommt, dass er nur noch der Determiniertheit der Materie folgt, ist er nicht mehr in der Lage, die Welt der Leiblichkeit zu verwandeln und zu vergeistigen. Nur ein freier Mensch kann die Natur befreien. Aber die Natur, die nicht frei ist, kann ihm nur die Freiheit nehmen, wenn sie allein in ihm wirkt.

Der Sämann sät, entscheidend ist der Boden

In der langen Zeit, die verstrichen ist, ehe die Menschheit in diese unsere Epoche der Bewusstseinsseele, in welcher die Phänomene der Entwicklung immer mehr von der begrifflichen Seite her angegangen werden, eingetreten ist, lebte man in und mit *Bildern* und *Symbolen.*

Im Evangelium, das aus einer Zeit des Übergangs stammt, begegnen wir beidem. Christus stellt die Mysterien der Evolution sowohl in Gleichnissen, die Märchenbildern ähneln, als auch in Begriffen dar. Für das Volk, für diejenigen, die noch eine ältere Bewusstseinsverfassung in sich erleben, spricht er in Gleichnissen, und den wenigen, die keimhaft die Voraussetzungen für das Neue, für die Zukunft mitbringen, erklärt er dieselben Bilder durch Begriffe. Auch daran sehen wir, dass das Christus-Ereignis die Entwicklung in zwei Teile teilt. Es wird die Vergangenheit zusammengefasst und die Zukunft vorweggenommen. Auch hier liegt ein wesentlicher Zug der Freiheit: im Gleichgewicht zwischen Kontinuität und Erneuerung.

Das Gleichnis aller Gleichnisse ist das des *Sämanns,* denn der, der die Gleichnisse erzählt, ist ja selbst der Sämann. Die Menschen haben sich mit dieser Erzählung des Evangeliums so vertraut gemacht, dass sie die Möglichkeit verloren haben, das völlig Revolutionäre dieses Gleichnisses zu erleben. Denn in diesem Gleichnis heißt es – und dies ist das Unerhörte! –, dass das, was einmal aus dem Samen entstehen wird, viel weniger vom Sämann selbst als von der Beschaffenheit des Bodens abhängt.

Im ersten Teil des menschlichen Werdens hatten wir das genaue Gegenteil: Eine gnadenvolle göttliche Führung entschied darüber, was im Menschen zu geschehen hatte. Der Mensch war ein reines Gefäß des göttlichen Wirkens.

Nun aber sagt Christus an der Zeitenwende, dass der Boden das Entscheidende wird. Der eine Boden ist nicht gut, deshalb wird auf ihm nichts wachsen. Der andere Boden hingegen ist gut – auf ihm wird etwas wachsen. Nicht die Gottheit, die den Samen legt, entscheidet. Von nun an entscheidet der Mensch, auf den der Same des Wortes fällt. Deswegen ist der Sämann das Welten*wort* selbst. Er spricht zu dem Menschen: Er will ihn nur *überzeugen* durch das Wort, denn nur die Überzeugung beeinträchtigt die Freiheit nicht. Vor Christus hat die Gottheit im Menschen gewirkt. In Christus spricht sie ihn an, und er muss Stellung nehmen.

Kann man sich eine revolutionärere Aussage als diese vorstellen? Aus Liebe zur menschlichen Freiheit will die Gottheit auf ihre Macht im Menschen verzichten. Ein wunderbares und zugleich erschütterndes Gleichnis! In den zweitausend Jahren hat es, wie vieles andere, an Eindruckskraft verloren, aber wenn wir wollen, können wir seine wachrüttelnde Kraft wieder erleben. Man mache sich klar: In all den Jahrtausenden vor Christus bestimmte die Gottheit die menschliche Natur – und jetzt wird gesagt, dass diese Führung von außen, das Wirken der Gnade dazu gedient hat, die menschliche Freiheit möglich zu machen!

Wenn man sich das in aller Deutlichkeit vor Augen führt, ist es doch mehr als einleuchtend, dass fortan das Gute der Evolution die menschliche Verantwortung durch Freiheit ist. Von den vier Bodenarten, die aufgezählt werden, bleiben drei ohne Frucht. Man könnte nicht stärker die Entscheidung der kosmischen Liebe ausdrücken, sich «ohnmächtig» und zum «Toren» zu machen, um der Freiheit des Menschen Platz zu geben. Denn man kann die Frage stellen: Was ist das für ein dummer Sämann, der auf einem Pfad, unter Dornen und auf steinigem Boden sät? Die Antwort lautet: Das Angebot der Freiheit wird *allen* Menschen gemacht, ganz gleich, wie der Einzelne geartet ist und was er daraus machen wird.

Die Zeitzeichen an der Jahrtausendwende

Die bisherigen Ausführungen mögen uns als Grundlage und als Orientierung dienen für die Betrachtung der großen Ereignisse und Zeitzeichen, die unsere Jahrtausendwende kennzeichnen. Wir werden insbesondere vier Erscheinungen hervorheben:

1. die Auseinandersetzung zwischen Ost und West und die Aufgabe der Mitte;

2. die Notwendigkeit, die materialistisch gewordene Intelligenz zu spiritualisieren durch eine gediegene und moderne Wissenschaft des Geistigen;

3. die im vollen Gang sich befindende Vorbereitung der einmaligen Inkarnation «Ahrimans», der geistigen Macht, die den Materialismus inspiriert;

4. die Erfahrung des geistig wiedererscheinenden Christus, die ab diesem Jahrhundert möglich wird und die eine wichtige Schwelle in der Entwicklung der menschlichen Individualität darstellt.

Wir werden sehen, dass es bei all diesen Phänomenen darum geht, das für den Menschen Gute vom Bösen unterscheiden zu können. Wir werden all diesen Zeitzeichen gegenüber zu unterscheiden haben zwischen dem, was äußerliche Bedingung ist, und dem Wesentlich-Geistigen selbst. Überall werden sich Polaritäten zeigen, wo es sich darum handelt, um die Mitte, das Gleichgewicht zwischen den Extremen zu ringen. Bei allen Bemühungen, den unser Leben und unsere Kultur durchsetzenden Materialismus zu überwinden, darf nicht die Gefahr des anderen Extrems, des einseitigen Spiritualismus, unterschätzt werden. Auf diese Weise werden wir im Laufe dieser Tage, wenn auch nur indirekt, auf die bisher entwickelten Gesichtspunkte zurückgreifen.

II.

Die Spiritualisierung der Intelligenz: Platonismus und Aristotelismus an der Jahrtausendwende

Es gibt zwei Grundarten, die Entwicklung von Erde und Mensch anzusehen. Diese können in zwei Denkströmungen wiedergefunden werden, die im alten Griechenland entstanden sind. In Griechenland haben wir überhaupt den Anfang des eigenständigen menschlichen Denkens. Auch vor der griechischen Kulturepoche hat es zweifellos sehr viel Weisheit und Wahrheit in der Menschheit gegeben, aber die Inhalte, um die es dabei im Einzelnen ging, wurden vom Menschen nicht individuell und frei verwaltet. Es handelte sich damals vielmehr um göttliche Offenbarungen, welche die Menschen in Glauben und Ehrfurcht entgegennahmen.

Das bedeutungsvolle Neue in der Entwicklung, das in Griechenland aufgekommen ist, besteht darin, dass die Menschen angefangen haben, erstmals in sich die Fähigkeit zu erleben, eigene Denkprozesse selbständig in Gang zu setzen und mit dieser inneren Erfahrung die Grundlage der menschlichen Freiheit zu schaffen. Diese zunächst noch recht wenig ausgeprägte Fähigkeit hat sich bald immer weiter und immer lebhafter entwickelt. So gesehen ist in Griechenland die Philosophie im eigentlichen Sinne entstanden.

Die vertikale und die horizontale Kausalität

Mit der Geburt der Philosophie sind *zwei Grundarten menschlichen Denkens* zugleich aufgetreten: *die platonische und die aristotelische Denkweise*. Im Grunde genommen haben diese beiden Denkmodelle die gesamte westliche Evolution bis zum heutigen Tage geprägt. Wir wollen ihre Natur näher betrachten und appellieren dabei zunächst an die Denkfähigkeit eines jeden Einzelnen, gerade weil es hier um die Geburt des Denkens geht.

Die beiden großen Möglichkeiten, die es für eine Interpretation des kosmischen Werdens sowie aller sinnlichen und übersinnlichen Phänomene gibt und die von Platon und Aristoteles eingeführt worden sind, möchte ich hier der Einfachheit halber – in Wirklichkeit handelt es sich um sehr komplexe Dinge – *horizontale Kausalität* und *vertikale Kausalität* nennen.

Die horizontale Kausalität entspricht der Denkweise des Aristoteles, die vertikale Kausalität der Denkweise Platons.

Die Grundaussage Platons ist, dass der Geist die wahre Wirklichkeit darstellt. Die platonischen Ideen sind eine geistig-übersinnliche Wirklichkeit. Wir dürfen nicht vergessen, dass das Wort «Idee» von griech. εἶδος, εἶδη (eidos, eide) kommt. Damit urverwandt ist lat. video (ich sehe), und denselben Stamm haben wir sowohl in *Edda* als auch in *Veda*. Die platonischen Ideen sind also etwas «Gesehenes», etwas, was «geschaut» wurde. Es handelt sich bei ihnen um Wesenhaftigkeiten, die imaginativ-visionär in einer übersinnlichen Welt wahrgenommen wurden.

Es ist wichtig, dass wir, wenn wir von Platons «Ideen» sprechen, nicht beispielsweise an die Ideen Hegels oder der Idealisten denken, denn bei diesen handelt es sich bereits um Ideen, die im Inneren des Menschen entstehen. Die platonischen Ideen sind noch eine geistige, kosmische Wirklichkeit, die gleichsam außerhalb des Menschen wahrgenommen und nicht im modernen Sinne innerlich ersonnen wird. Diese Art der Wahrnehmungsfähigkeit der Menschen hat im Laufe der Zeit immer mehr abgenommen. Die übersinnliche Realität war aber noch für Platon die wahre, die substanzielle Realität. Der Geist ist für ihn die Ursache aller Dinge. Die Welt des Sichtbaren ist für ihn lediglich der Schatten der geistigen Welt, eine vorübergehende Erscheinungsform, also etwas, was überhaupt keine Wirklichkeit ist und keine Seinsdichte hat.

Im platonischen Weltverständnis gibt es die Dimension des Werdens im eigentlichen Sinne nicht; auch eine geschichtliche Entwicklung im eigentlichen Sinne gibt es für ihn nicht. Alles wird in einer grandiosen, ewigen Welt der Dauer gesehen, wo das Geistige sich ewig gleich bleibt und im Physischen einen Schatten von sich wirft. Dieser Schatten ist so unwesenhaft, dass er auftaucht und wieder verschwindet, weil er jeglicher substanzieller Wirklichkeit entbehrt.

Das ist es, was ich vertikale Kausalität nennen möchte: Die geistige Wirklichkeit des Ideenhaften ist Ursache all dessen, was im Sichtbaren erscheint beziehungsweise geschieht. Der Geist entscheidet über das Schicksal dessen, was im Erscheinenden entsteht und vergeht.

Der erste Denker, der aufhörte, seinen Blick auf das rein Geistige zu richten – weil es das Schicksal der Menschheit war, sich immer mehr der Materie, der physischen Welt, dem sinnlich Wahrnehmbaren zuzuwenden –, war Aristoteles. Rudolf Steiner wird niemals müde, auf diesen Schwellenübergang in der Evolution der Menschheit hinzuweisen, auf diese Kluft, die wir zwischen Platon und Aristoteles haben, selbst wenn Aristoteles der Schüler Platons war.

Es ist Platon selbst gewesen, der laut Rudolf Steiner eines Tages etwa folgendermaßen zu Aristoteles gesprochen hat: «Aristoteles, du bist jung, und ich bin alt. Du hast viel von mir vernommen; du weißt, wie ich über die Welt der Ideen gesprochen habe. Aber jetzt wächst eine Menschheit heran, die nicht mehr die Fähigkeit und auch nicht die Aufgabe haben wird, die geistige Welt rein zu betrachten, um mit ihr in Einklang zu sein. Deine Aufgabe besteht nicht darin, meine Philosophie weiter zu pflegen. Du musst dich von meiner Philosophie in einem gewissen Sinne lösen. Als Vorbereitung auf die Inkarnation des Wesens der Liebe als der Bejahung aller irdischen Inkarnationsbedingungen muss die Menschheit nunmehr den Blick vom rein Übersinnlichen ab- und sich immer intensiver der sinnlich wahrnehmbaren Welt zuwenden; und zwar so sehr, dass sie sie liebt und von ihr eine lange Zeit sogar wie in Bann gehalten wird. Denn sie wird eine Zeitlang das Geistige ganz vergessen müssen.»

Denken Sie an Raffaels Gemälde *Die Schule von Athen*. Da haben wir diese beiden menschlichen Gestalten in der Mitte: Der eine – wie ein Platon – hat den Blick auf die Welt der Ideale gerichtet; er repräsentiert die östliche Vergangenheit. Der andere, der jüngere wendet sich hingegen in Blick und Gestik der Welt der sichtbaren Erscheinungen zu.

Es geht hier nicht darum, zu fragen, wer Recht und wer Unrecht hat. Eine solche Frage wäre ganz und gar fehl am Platz. Im Laufe der Evolution sind beide Blickrichtungen notwendig. Entscheidend ist, dass man das Wie und das Wann erkennt! Das Böse (in einer weiteren Grunddimension) ist immer ein Gutes am falschen Platze und zur unrechten Zeit. Zuerst war der Platonismus etwas Gutes in der Menschheit. Dann fing der Aristotelismus an, das Zeitgemäße und in diesem Sinne das Gute zu sein.

Der alte Meister wusste, dass die Fähigkeit, in die Gesetze des physischen Werdens, in die Gesetze der Materie einzudringen, ihm nicht ureigen war, während sein Schüler, so wie er ihn kennen gelernt hatte, wirklich die erkenntnismäßigen Voraussetzungen mitbrachte, die notwendig waren, um in die Gesetze der physischen Welt einzudringen.

Und da haben wir ihn also, den Aristotelismus, der beginnt, die Phänomene der sinnlichen Welt aufgrund einer *horizontalen Kausalität* zu interpretieren. Das ist eine Revolution, die noch einschneidender ist als die kopernikanische Wende! Es ist heute schwierig, sich klar zu machen, wie bedeutend die Schwelle war, die beim Übergang von der platonischen zur aristotelischen Philosophie überschritten wurde. Platon sagte: «Die Ursache für alles ist immer in der geistigen Welt. In der Welt der Materie gibt es nur Wirkungen.» Aristoteles sucht sowohl die Ursachen als auch die Wirkungen in der sinnlichen Welt, in der Welt der sichtbaren Erscheinungen. Das war für die damalige Zeit eine unerhörte Behauptung.

Seit Aristoteles die Voraussetzungen für solch eine horizontale Kausalität geschaffen hat, das heißt, seit mit dem Aristotelismus diese Art der Interpretation aller Phänomene in die Menschheit gekommen ist, wurde das Denken – abgesehen von einigen besonderen Episoden – immer mehr aristotelisch geprägt, denn die Menschen sind immer tiefer in die Materie hinabgestiegen. In unserer heutigen Naturwissenschaft – so wie sie sich vor allem in den letzten Jahrhunderten, nämlich seit dem ersten Drittel des fünfzehnten Jahrhunderts entwickelt hat – wird jegliche Kausalität fast nur nach dem Muster der Mechanik interpretiert: Was zuerst kommt, ist Ursache für das, was danach kommt. Beide, Ursache *und* Wirkung, werden in der sinnlichen Welt gesucht.

In der Mechanik stimmt diese Art von Kausalitätsgesetz. Wenn ich einer Kugel einen Stoß versetze, kommt sie ins Rollen; stößt sie an eine zweite Kugel, so setzt sie ihrerseits diese in Bewegung. Die erste Bewegung ist also Ursache für die zweite, die danach erfolgt. Dieses mechanische Kausalitätsgesetz wurde immer häufiger verallgemeinert, das heißt, es wurden mit dieser Art von Kausalitätsgesetz alle Phänomene – einschließlich der historischen – erklärt. Wenn wir gründlich darüber nachdenken, wird es uns jedoch immer unglaubwürdiger erscheinen, dass alle Ereignisse durch frühere, das heißt unmittelbar vorausgehende Ereignisse verursacht sein sollen. Wir würden merken, dass in unserem Handeln stets das Gegenteil der Fall ist.

Wo es eine Planung gibt – und Menschen können im Gegensatz zu Kugeln planen –, ist dasjenige, was in der materiellen Ausführung am Ende kommt, am Anfang in der Planung da. Zuerst ist das da – das Ziel, der Zweck –, was in der äußerlichen Verwirklichung erst am Ende kommt. Ich muss wissen, wohin ich kommen will, dann wähle ich die Zwischenschritte, die Mittel aus, die notwendig sind, um zu meinem Ziel zu gelangen. Die denkende Planung und das Erkennen des anzustrebenden Ziels ist Ursache für alles, was im Rahmen der materiellen Umsetzung und Ausführung erst nachher und als Folge in Bewegung gebracht wird.

Was die materielle Umsetzung betrifft, so kommt umgekehrt das Ziel am Ende, die Mittel kommen vorher. Aber die äußerliche Ausführung ist die Wirkung der Ursache, die sich als denkende Planung und Willensentschluss darstellt. Zuerst wird also das Ziel gesetzt, und dieses Ziel verursacht die Wahl der Mittel, die dahin führen. Mein Wille ist Ursache für alles, was später – in der

Reihenfolge der Mittel – in der Welt der sichtbaren Erscheinungen auftritt, und am Ende steht das Ziel. Alles, was durch Menschen in der Welt der sichtbaren Erscheinungen zur Durchführung gebracht wird, ist Folge, ist Wirkung einer geistigen Tätigkeit. Am Anfang steht das Ende – das Ziel –, und was nachher geschehen soll, ist Ursache dessen, was vorher getan wird!

Vom Aristotelismus zum Materialismus

Wir können die Grundaussage des Platonismus dahingehend zusammenfassen, dass wir sagen: Für Platon ist es der Geist, der das, was in der Welt der Materie geschieht, verursacht. Wir können diese Aussage jedoch nicht schlechthin umkehren und sagen, für Aristoteles sei die Materie die Ursache! Denn Aristoteles suchte *den Geist* in der Welt der Materie. Es war für Aristoteles nicht weniger als für Platon vollkommen klar, dass der Geist die wahre Ursache aller Dinge ist – nur dass er vom Geist außerhalb der Materie nichts wissen wollte. Er wollte den Geist und das Geistige am Werk *in der sinnlichen Welt* betrachten, nicht von ihr gesondert. Hier liegt der Unterschied zwischen Platon und Aristoteles.

Die Aristoteliker haben jedoch im Laufe der Zeit, eben weil sie sich immer mehr auf die Vorgänge in der Welt der Materie beschränkt haben, die Tatsache aus den Augen verloren, dass Aristoteles *den Geist* in der Materie gesucht hat. Die Materie wurde vom betrachtenden Menschen entgeistet, und der Mensch hat dann auf der Basis der aristotelischen Lehre die auf dem physischen Plan stattfindenden Vorgänge als ausschließliche Ursache betrachtet und den Geist immer mehr außer Acht gelassen.

Die letzte Konsequenz des Aristotelismus, wie er in der modernen Zeit verstanden wird, lautet: Die Materie ist Ursache für alles, weil die Materie die einzige Realität ist. Und auch wenn im Menschen etwas Geistiges wäre, was wir als Seele, als Geist, als Denken oder als was auch immer bezeichnen, so ist auch das die Auswirkung jener Ursache, die die einzige wahre Realität ist, das heißt, auch dieses Geistige, welches es vielleicht gibt, ist eine Wirkung der Materie.

Ein mehr oder weniger reines Beispiel dieser Art von materialisiertem Aristotelismus haben wir in Karl Marx, der eine Denkweise zum Ausdruck gebracht hat, die in der Menschheit heute sehr verbreitet ist. Was würde ein moderner Mensch sagen, wenn er aufrichtig die Frage beantworten sollte, ob es hauptsächlich der Körper ist, der unsere Gefühle bestimmt, oder ob es umgekehrt die Seele ist, die die Seinsweise des Körpers prägt? Nun, er würde es nicht gelten lassen, dass das, was ich auf ideeller Ebene an Gedanken, Gefühlen und Willensimpulsen in mir trage, meinen Körper prägt – auch was Krankheit, Gesundheit, meine Physiognomie und so weiter betrifft. Die Einstellung, die der Mensch von heute spontan hat, ist die Einstellung eines materialisierten Aristotelismus, ist eine materialistische Einstellung.

Fragen wir uns jetzt aber grundsätzlich: Ist es die Materie in uns, die darüber entscheidet, wie der Geist ist, oder ist es unser Geist, der darüber entscheidet, wie die Materie aussieht? Wir müssen als Antwort sagen: Beides ist möglich. Ist der Geist stark, entscheidet der Geist etwas mehr über das Schicksal der Materie; ist der Geist schwach, entscheidet die Materie über sein Schicksal.

Der Materialismus ist also kein theoretischer Denkfehler; vielmehr ist er eine evolutive Möglichkeit, die in der heutigen Menschheit zum großen Teil reale Wirklichkeit geworden ist. Der Materialismus ist für viele heutige Menschen keine bloße Theorie. Der menschliche Geist ist bei den meisten Menschen heute so arm und schwach geworden, dass die der Materie innewohnenden Verursachungsmechanismen in der Tat auch dafür entscheidend geworden sind, was gedanklich und gefühlsmäßig beziehungsweise was hinsichtlich der Willensimpulse im Menschen geschieht. Sie sind stärker und entscheidender geworden als die ursprüngliche Geisteskraft selbst.

Wiedergewinnung des Platonismus an der Jahrtausendwende

Der Materialismus, die Trägheit des Geistes gegenüber der Materie, ist nicht etwas, was wir theoretisch widerlegen können, sondern vielmehr etwas, was wir real und praktisch in uns selbst *überwinden* müssen. Wenn ich meinen Geist durch Übung der Freiheit stärke, entsteht eine völlig andere Realität. Es werden mir die Dinge bewusst, das heißt, ich komme von selbst darauf, und ich gebe dem menschlichen Geist seine schöpferische und verursachende Kraft zurück, sodass er wiederum über das Geschick der Materie mehr als zuvor zu entscheiden vermag. Aber dies ist wiederum keine Notwendigkeit; es ist vielmehr eine Möglichkeit. Es ist die Entwicklungschance der Freiheit selbst.

Der Materialismus ist uns in diesen Zeiten gegeben worden als letzte Konsequenz des Aristotelismus und als Ausgangspunkt, von dem aus jeder seinem Geist jene Kraft zurückerobern kann, die einen prägenden Einfluss auf die Materie ausübt. Das «muss» nicht geschehen. Es «kann» geschehen. Und es wird einzig und allein auf der Basis der freien, individuellen Initiative und Übung eines jeden einzelnen Menschen geschehen.

Wenn wir diese Dinge richtig verstehen, stellen wir fest, dass hinter philosophischem Platonismus und Aristotelismus viel tiefere Realitäten stecken: nämlich *die beiden großen Interessen des Menschen*. Hier hat Karl Marx im Grunde genommen für unsere Zeit Recht, wenn er sagt, dass Theorien immer der Versuch sind, etwas zu rechtfertigen, was in Wirklichkeit viel tiefer liegt.

Das große platonische Interesse könnte man an dem Satz verdeutlichen, den Christus zu Pilatus sagt: «Mein Reich ist nicht von dieser Welt.» Um das andere große Interesse, nämlich das aristotelische, auszudrücken, müsste man denselben Satz so abändern: «Mein Reich ist *in* dieser Welt.» Diese zwei Grundsätze ergänzen sich gegenseitig. Der einseitige Spiritualismus würde dagegen sagen: «Mein Reich ist *nicht in* dieser Welt»; und der einseitige Materialismus: «Mein Reich ist *nur von* dieser Welt».

In diesen vier Sätzen sind die Möglichkeiten von Interesse, die es grundsätzlich geben kann und in denen alle möglichen Interessen überhaupt enthalten sind, zum Ausdruck gebracht. Jeder Mensch ist in das Spannungsfeld gestellt, das durch diese beiden Anziehungspole geschaffen wird; diese Polarität geht viel tiefer als alle Theorien. Es kommt nur darauf an zu sehen, ob die Willenskräfte, die Gefühlskräfte und auch die Kräfte des Unbewussten eines Menschen mehr darauf ausgerichtet sind, sich in dieser Welt zu etablieren und zu behaupten, das heißt, ob der Mensch insgesamt gesehen mehr nach äußerem Erfolg strebt, oder ob das Interesse eines Menschen mehr in Richtung Qualität des inneren Wesens geht, das heißt, ob er das anstrebt, was weniger sichtbar, im platonischen Sinne aber realer ist.

Vom einseitig aristotelischen Gesichtspunkt aus gesehen ist es wichtig, ein Reich zu gründen und zu festigen, das man äußerlich vorzeigen kann, ist es wichtig, Erfolg im sinnlichen Bereich zu haben und so zu handeln, dass die Ergebnisse des eigenen Handelns in dieser Welt greifbar sind. Vom platonischen Gesichtspunkt aus gesehen ist hingegen alles Sichtbare lediglich ein Instrument, welches der qualitativen Entwicklung des Menschen dient. Hier kann der Mensch nicht aufgrund seines äußerlichen Erfolges bewertet werden.

Wenn wir diese tiefere Dimension der realen Lebensinteressen betrachten, wird es für jeden Einzelnen von uns leichter festzustellen, ob er mehr ein Aristoteliker oder mehr ein Platoniker ist. Rudolf Steiner hat die Grundeigenschaften beider beschrieben und hat hinzugefügt: Wenn wir die Fähigkeit hätten, die Menschen tiefer kennen zu lernen, würden wir ohne weiteres die Platoniker von den Aristotelikern unterscheiden können, denn sie unterscheiden sich eindeutig voneinander, und Zwischenstufen gibt es wenig.

Ich glaube, dass es uns hilft, die Dinge zu verstehen, wenn wir das betrachten, was die Menschen im Innersten interessiert, denn diese Betrachtungsweise ist ebenso einfach wie tiefgehend. Wenn sich jemand selbst nur ein wenig objektiv betrachtet, so wird er feststellen können, ob sein wahres Interesse mehr auf das äußerliche Reich dieser Welt gerichtet ist oder ob sein tieferes Interesse eben *nicht* auf das sichtbare Reich dieser Welt gerichtet ist.

Wir werden auf diese Weise die Einseitigkeit sowohl der Platoniker als auch der Aristoteliker kennen lernen. Die Aufgabe, die sich jetzt durch eine moderne Geisteswissenschaft abzuzeichnen beginnt, besteht darin, die eigene Begrenztheit wahrzunehmen und auch für den anderen Pol

Platz zu schaffen, denn dieser ist ebenso wertvoll und wichtig für den Weg der Menschheit. Nur durch das Streben nach Gleichgewicht bekommt jede Seite ihre Güte.

«Wenn jemand nicht von oben geboren wird ...»

Zum besseren Verständnis des hier Gesagten möchte ich, bevor ich noch näher und konkreter auf das eingehe, was Rudolf Steiner über die Aufgabe des Platonismus und des Aristotelismus an der Jahrtausendwende gesagt hat, noch einmal auf das Christus-Ereignis zurückkommen, denn dieses ist ein so universelles Ereignis, dass es sich für das menschliche Denken in der Betrachtung aller Weltphänomene als unendlich fruchtbar erweist. Anlässlich seiner Begegnung mit Nikodemus (Johannes 3) sagt Christus: «Wahrlich, wahrlich, ich sage dir: Es sei denn, dass jemand *von neuem* geboren werde, so kann er das Reich Gottes nicht sehen.» (So lautet die geläufige Übersetzung.) Und Nikodemus sagt zu ihm: «Wie kann ein Mensch wiedergeboren werden, wenn er schon alt ist? Kann er denn wieder in seiner Mutter Leib gehen und von neuem geboren werden?»

Das griechische Wort, welches gewöhnlich mit «von neuem» übersetzt wird (nämlich ἄνωθεν – anothen), bedeutet eigentlich «von oben herab» (denn ἄνω heißt «oben», und θεν weist auf die Herkunft hin). Also heißt es richtig übersetzt: «Wenn ihr nicht *von oben her* geboren werdet, so könnt ihr nicht in das Himmelreich kommen.» Aber wenn die Bedeutung des griechischen Wortes so eindeutig ist, wie kann es Nikodemus dann missverstehen? Denn er fragt, wie er *von neuem* in den Schoß der Mutter zurückkehren kann, um wieder geboren zu werden.

Denken wir an die platonische Kausalität: Oben haben wir die wesenhafte spirituelle Wirklichkeit, unten ihre Auswirkung in der Welt der sichtbaren Erscheinungen. In der aristotelischen Kausalität ist das, was vorher war, die Ursache dessen, was nachher kommt; hier steht die Geburt am Anfang, und die Geburt ist die Ursache dessen, was nachher im Laufe des Lebens geschieht.

Wenn man ein größeres griechisches Wörterbuch aufschlägt, macht man folgende interessante Entdeckung: Bei Homer und Hesiod, also in den ältesten Zeiten der griechischen Kultur, bedeutete dieses Wort ἄνωθεν immer «von oben her», «aus dem Geistigen herabkommend», «von den Göttern»; niemals hatte es in der alten Zeit die Bedeutung «wieder», «von neuem» oder «von vorne». Wir haben es hier nicht mit etwas zu tun, das zeitlich zu verstehen ist im Sinne von «zuerst» und «danach». Vielmehr haben wir es mit einem «Räumlichen» zu tun, bei dem es um oben und unten gleichzeitig geht.

Aber das genannte griechische Wort hat im Laufe der Jahrhunderte immer mehr die Bedeutung von «von neuem», «wieder», «von vorne» angenommen, und die ältere, ursprüngliche Bedeutung ist immer mehr in den Hintergrund getreten. So missversteht selbst ein Nikodemus die Worte des Christus.

Im Gespräch zwischen Christus und Nikodemus haben wir etwas wie ein Zusammentreffen von Platonismus und Aristotelismus an der Zeitenwende: Wir haben auf der einen Seite in den Worten Christi den Platonismus als Zusammenfassung des gesamten ersten Teils der Evolution, der die wahre substanzielle Kausalität als von oben nach unten wirkend betrachtet, und auf der anderen Seite (nämlich in der Antwort, die Nikodemus gibt) den beginnenden aristotelischen Materialismus, der die von oben her wirkende Verursachung nicht mehr kennt und nur noch das «Vorher» als Ursache und das «Nachher» als Wirkung auffasst. Am Bedeutungswandel, den dieses griechische Wort erfahren hat und der tatsächlich überall dokumentiert ist, können wir die Geschichte dieser tiefgreifenden Umwälzung in der Bewußtseinsentwicklung der Menschheit ablesen.

Christus sagt: «Wenn ihr nicht von oben her geboren werdet, so könnt ihr das Reich Gottes nicht sehen.» Was bedeuten diese Worte? In diesem räumlichen Bild steht «oben» für den Geist, denn oben ist das Licht, das seit jeher als Bild des Geistes betrachtet wird. Die Welt der Materie wurde schon immer als das «Unten» bezeichnet, weil sie unten ist und weil das Schwere nach unten zieht. Aber wir müssen uns von diesem räumlichen Bild lösen.

Der Sinn der Worte Christi ist folgender: Entweder pflegt der Mensch seine Fähigkeit, in der geistigen Welt zu leben, ihre absolute Substanzialität und Wirklichkeit in sich zu erleben und somit die Erfahrung zu machen, dass alles, was in der Welt der Materie geschieht, eine Wirkung dessen ist, was im Geiste vollbracht wird – oder er entfremdet sich der geistigen Welt und ihrer Ursächlichkeit. So entsteht nach dem Platonismus der Aristotelismus. Das «obere», höhere Ich, unser substanzielles geistiges Wesen ist uns im Laufe der Zeit «überbewusst» geworden, und im heutigen gewöhnlichen Bewusstsein haben wir das, was wir unser «unteres» oder niederes Ich nennen, welches nur ein Spiegelbild des höheren Ich ist, fast nur noch Ursachen im materiellen Bereich kennt und sich fast nur als deren Wirkung erlebt.

Geburt des oberen Ich in das untere

Mein wahres Ich – so kann der heutige Mensch sich sagen –, welches von Inkarnation zu Inkarnation fortschreitet, liegt heute noch nicht in meinem Bewusstsein. Es ist in meinem Überbewussten und spiegelt sich in meinem normalen Bewusstsein, genauso wie das Bild eines Gegenstandes von einem Spiegel zurückgeworfen wird. Der Spiegelungsapparat ist mein Leib. Wenn ich einschlafe, verlässt mein höheres Ich meinen Körper, das heißt, es löst sich aus der Verbindung mit dem Spiegelungsapparat, der mein Körper ist, und ich habe kein Ich-Bewusstsein mehr. Es ist aber nicht so, dass das substanzielle Ich, das reale geistige Ich verschwindet. Ich werde nicht jeden Morgen aus dem Nichts neu geschaffen! Was beim Erwachen wieder erscheint, ist das Spiegelbild des Ich, das Ich-*Bewusstsein,* weil mein Ich wieder in Verbindung getreten ist mit meiner leiblichen Konstitution als mit einem Spiegelungsapparat.

Die Quelle aller Moralität befindet sich für den Platoniker stets im höheren Ich. «Von oben her geboren werden» heißt für ihn, die moralische Phantasie, die moralische Intuitionskraft im eigenen Geist aktivieren, wobei ihm erst klar wird, *dass* er sich zunächst außerhalb seines wahren Ich befindet, *dass* er lediglich über dessen Bild verfügt. Und als Folge strebt er danach, sich geistig mit seinem höheren Ich immer wesenhafter zu verbinden, um seine moralischen Intuitionen sich zu eigen zu machen. Im gewöhnlichen Ich gibt es keinen echten Willen, sondern eher Wünsche, Leidenschaften, Triebe und Begierden, die nicht vom Geistigen herunter-, sondern von der Leiblichkeit heraufsteigen. Der Unterschied zwischen dem wahren Ich und dem niederen Ich ist der Unterschied zwischen intuitiv-moralischem Willen und begierdenerfüllten Wünschen. Es ist der Unterschied zwischen Geist und Seele.

Wie kann ich nun herausfinden, was mein höheres Ich will? Alles, was ich auf aristotelische Weise – sinnlich wahrnehmbar – an karmischen Umständen um mich herum habe, alles, was mir widerfährt, ist der Wille meines höheren Ich. Wie spontan sagt man: Heute habe ich einen schlechten Tag gehabt, weil mein Chef ... Wir sind es gewohnt, die Ursachen für das, was uns widerfährt, eher in den Umständen und in den Menschen außer uns zu suchen. Das ist die einseitig aristotelische Gesinnung. Der Platoniker möchte eintauchen in den moralischen Willen seines geistigen Ich in der Überzeugung, dass alles, was ihm geschieht, von ihm selbst gewollt worden ist.

Er sagt sich: Es kann mir nichts geschehen, was ich nicht selbst in meinem höheren Ich gewollt und gewählt habe. Ich habe mein Schicksal in Freiheit selber geplant und gestaltet im Hinblick auf die positiven Entwicklungsmöglichkeiten, die es mir bietet. Platonisch gesehen erleidet das höhere Ich niemals etwas. Es ist niemals Wirkung, sondern immer Ursache und Schöpfer dessen, was es für sich selbst will. Es weiß aufgrund einer vergangenen jahrtausendelangen Entwicklung, welche neuen Dimensionen des Menschlichen es sich jetzt aneignen will, weil sie ihm noch fehlen. Angetrieben von diesem Streben nach immer weiterer Vervollkommnung, wählt und plant das höhere Ich noch vor der Geburt in der geistigen Welt – um wörtlich «von oben herab» geboren zu werden – alle inkarnatorischen Bedingungen, die ihm dann auf der Ebene des gewöhnlichen Bewusstseins als scheinbar «zufällige» Ereignisse entgegenkommen. Es «erleidet» nichts, es «will» selber freiheitlich alles, was ihm nur scheinbar «geschieht».

Ein «platonischer Mensch» erlebt also die «aristoteli-schen Bedingungen» für die eigene Entwicklung als Chancen, die er selbst sich ausgesucht hat.

Jedem steht es frei, dasjenige, was ihm widerfährt, als von ihm selbst verursacht und bestimmt oder als ihn von außen verursachend und bestimmend zu betrachten und zu erleben. Hierin liegt immer die Grundwahl der Freiheit. Ich kann mir sagen: Das, was mir geschieht, habe ich selbst verursacht, habe ich selbst gewollt; ich bin derjenige, der es geplant hat. Ich kann aber auch alles dasjenige, was um mich herum geschieht, «erleiden» und mich als Wirkung betrachten und erleben.

Moralische Phantasie (platonisch) und moralische Technik (aristotelisch)

In seiner *Philosophie der Freiheit* zeigt Rudolf Steiner das Urphänomen («Ur-» im goetheschen Sinne) der Wechselwirkung zwischen Platonismus und Aristotelismus. Der Mensch setzt sich dank der moralischen Phantasie und der moralischen Intuition mit dem liebenden und freien Willen seines höheren Ich in Verbindung – hier haben wir die innere platonische Haltung. Um diesen Willen aber konkret auszuführen, braucht er «moralische Technik» – das ist die aristotelische Seite. Das eine ist dasjenige, *was* man will, was man Wirklichkeit werden lassen will in der Welt der sichtbaren Erscheinungen – das ist der Wille des höheren Ich, der erkannt wird durch die stetige Bemühung, immer wieder «von oben» geboren zu werden. Das andere geschieht dadurch, dass man aristotelisch die Gesetze des Funktionierens der schon bestehenden Welt durch moralische Technik erfasst, um zu wissen, *wie* das Neue das Alte verwandeln kann beziehungsweise wie das Alte vom Neuen sich verwandeln lässt.

Wir müssen also nicht nur das kennen, was sich inkarnieren will, sondern auch die Gesetze, nach welchen sich die bereits bestehende Welt verändern oder nicht verändern lässt, um dem Neuen Platz zu machen. Andernfalls bleibt alles sozusagen in der Luft hängen, ohne in der Welt der Materie jemals Wirklichkeit werden zu können.

Was so bezeichnend ist im Gespräch zwischen Christus und Nikodemus, ist die Tatsache, dass Nikodemus mehrmals die Frage des «*Wie*» stellt («wie ist dies möglich ...»). Die moralische Phantasie erfasst intuitiv das «Was» der Handlung, die moralische Technik ringt mit der aristotelischen Frage des «Wie» der Ausführung in der sinnlichen Welt.

Immer unter dem Gesichtspunkt des Zusammenwirkens beider kann man die Platoniker und die Aristoteliker auch dadurch voneinander unterscheiden, dass man sich fragt, woher die Menschen jeweils die Rechtfertigung für ihr Handeln herleiten. *Woher kommt die Rechtfertigung für das, was man tut?*

Für den Platoniker kann die Rechtfertigung seines Handelns nur von oben kommen. Er lässt keine Legitimation aufgrund des bereits Bestehenden gelten. Für ihn ist das Gewordene niemals Norm dessen, was sein soll. Ihm ist es niemals möglich, aus allen bisher getanen Schritten abzuleiten, wie der nächste Schritt sein soll. Der nächste Schritt will immer ein neuer Schritt sein.

Die Wahl der Freiheit besteht immer gerade darin, wie erwähnt, dass wir auch die Möglichkeit haben, dasjenige, was schon geworden ist, zur *Ursache* dessen zu machen, was sein wird – und dann sind wir einseitig «Aristoteliker».

Aber wir haben auch die Möglichkeit, dasjenige, was ist, zur *Bedingung* dessen zu machen, was sein wird – dann sind wir noch dazu «Platoniker». Beides ist möglich. Im zweiten Fall fügen wir dem uns geläufigen Aristotelischen die platonische Denkweise hinzu, wenn wir alles, was bis jetzt gewesen ist, als notwendige Bedingung für die Verwirklichung dessen betrachten, was jetzt aus der geistigen Welt niedersteigt und was etwas ganz Neues ist. Was bis jetzt gewesen ist, entscheidet dann nicht mehr über dasjenige, was jetzt geschieht, und verursacht es nicht.

Die Einseitigkeit des Aristotelischen ist die Identifizierung mit dem schon Errungenen und das Hängen an dem, was sich bewährt hat. Die moralische Kraft des Platonischen ist die Kreativität, aber das Platonische allein genügt nicht, um das Intuitiv-Geistige zur Inkarnation zu bringen.

Die große Versuchung des Platonikers besteht also darin, sich zu sehr in das Geistige zu verlieben und zu moralisieren, keinen «Kompromiss» mit dem Existierenden eingehen zu wollen, um das Geistige nicht zu verunreinigen. Das ist aber oft nur eine Entschuldigung dafür, nichts zu tun. Denn wenn der Platoniker die moralische Kraft findet, das, was an Neuem und an Geistigem in die Welt kommen möchte, sich inkarnieren zu lassen, muss er mit der bestehenden Welt rechnen. Dies ist die karmische Prüfung, ob etwas wirklich für diesen Zeitpunkt vorgesehen ist oder ob ich mich nur der Illusion hingebe, dass es für jetzt vorgesehen sei, während es in Wirklichkeit vielleicht erst in hundert oder gar tausend Jahren Wirklichkeit werden soll.

Wie kann ich wissen, ob die geistige Wirklichkeit, in der ich eine Dimension meines höheren Ich erlebe, schon jetzt, das heißt zu diesem Zeitpunkt, konkrete Wirklichkeit werden soll? Ich kann es einzig und allein dann wissen, wenn ich mit Hilfe der moralischen Technik in die

Realität des Bestehenden eintauche und feststelle, dass eben diese Realität des Bestehenden das fordert, das ersehnt, was ich im Geistigen wahrnehme, was ich als geistige Realität schaue.

Der Aristoteliker sucht die Rechtfertigung einer Handlung – eben weil er es gewohnt ist, sein Augenmerk auf das schon Bestehende zu richten – in dem, was sich bereits bewährt hat, in dem, was «läuft» und «klappt» und «gut funktioniert». Er kann leicht der Versuchung erliegen, das schon Bestehende mit Gewalt verewigen zu wollen. Darin liegt seine große Gefahr, nichts Neuem Platz machen zu wollen, das Sterben des Bestehenden nicht zu bejahen und es damit nicht zur Grundlage und Bedingung für das zu machen, was im Kommen ist. Wenn das in der Welt der sichtbaren Erscheinungen bereits Bestehende zur alleinigen Ursache dessen wird, was weiterhin geschieht, «stirbt» das geistige Ich. Es gibt in diesem Fall kein Von-oben-geboren-Werden mehr. Vielmehr wird weiterhin von unten her, von der Vergangenheit her über das Zukünftige entschieden.

Geisteswissenschaft als Begegnungsort von Platonikern und Aristotelikern

Rudolf Steiner hat mehrmals auf ein Grundphänomen hingewiesen, welches ab dem Ende des Jahrhunderts auftreten dürfte, wenn Vertreter seiner modernen Geisteswissenschaft beisammen sind: das Streben nach Zusammenarbeit und gegenseitigem Verständnis zwischen Aristotelikern und Platonikern. Ein echter Dialog zwischen Platonikern und Aristotelikern setzt in der Tat voraus, dass beide Menschengruppen eine moderne Wissenschaft des Geistigen als gemeinsame Grundlage haben. Indem Aristoteliker und Platoniker gemeinsam Geisteswissenschaft betreiben, können beide wach werden für die seelisch-geistige Wirklichkeit des jeweils Anderen. Jeder kann am Geistig-Seelischen des Anderen erwachen. In der Begegnung zwischen Geisteswissenschaft betreibenden Menschen entsteht das Bestreben, das höhere Ich des Anderen immer wesenhafter zu erleben. Denn es ist jeweils das geistige Wesen jedes Menschen, welches uns sagt, welche Intentionen und welche moralischen Intuitionen von der jeweiligen Individualität aus der geistigen Welt heruntergebracht werden.

Die Frage «was sollen wir tun?» kann hier nicht beantwortet werden dadurch, dass man lediglich die Vergangenheit durchforscht. In der Vergangenheit findet man nicht den Schlüssel für die Zukunft. Die Vergangenheit muss zwar, wie erwähnt, die Bedingung für die Zukunft, darf jedoch niemals ihre Ursache sein. Wo finden wir aber die Quelle aller Wirklichkeiten, die sich inkarnieren wollen und die uns deshalb der Zukunft entgegenbringen? Wir finden sie nur, wenn wir mit der moralischen Intuition der Liebe in das höhere Ich sowohl des Platonikers wie auch des Aristotelikers eintauchen.

Von den Aristotelikern wird hier eine Entscheidung des Verzichts erwartet. Sie sollen darauf verzichten, die Machtdynamik der bestehenden Institutionen verewigen zu wollen, um den moralischen Intuitionen der sich inkarnierenden Individualitäten – ganz gleich, um welche es sich handelt – Platz zu machen. Die Legitimation dessen, was getan wird, darf nur «von oben her» kommen. Das vom Platoniker verlangte Opfer besteht darin, die reine Idealität der moralischen Intuitionen der irdischen Wirklichkeit hinzuopfern und ihr anzuvertrauen, um das Ideale zur Realität werden zu lassen. Diese liebevolle Bejahung der Inkarnation und das Ringen um die Verwirklichung sind die reale Läuterung jeder moralischen Intuition.

Stellen wir uns vor, wir lesen einen besonders spannenden Roman und sind jetzt beim siebenten Kapitel. Wo ist die Ursache der Ereignisse, die im achten Kapitel erzählt werden? Entscheidet das siebente Kapitel über das, was im achten geschieht? Wenn wir es mit einem Schriftsteller zu tun haben, der wenig von einem Künstler hat, der wenig Schöpferisches hat, dann wird tatsächlich das siebente Kapitel darüber entscheiden, was im achten geschieht.

Wenn wir es jedoch mit einem echten Künstler zu tun haben, dann wird es nicht das siebente Kapitel sein. Nein, er selbst wird es sein! Natürlich wird das achte Kapitel niemals im Widerspruch zum siebenten stehen dürfen. Aber was im siebenten beschrieben wird, wird sozusagen nur die Voraussetzung dafür sein, dass das achte Kapitel in Harmonie ist mit dem siebenten. Wenn ich aber als Leser schon nach dem siebenten Kapitel weiß, was im achten stehen wird, habe ich es mit einem phantasielosen Künstler zu tun. Wenn ich schon alles vorher selber weiß, langweile ich mich und lege das Buch weg.

Genauso ist es auch mit den historischen Ereignissen: Das vorige verursacht nicht das folgende. Was im zwanzigsten Jahrhundert geschieht, hat seine Ursache nicht in dem, was im neunzehnten Jahrhundert geschehen ist. Die Ursache ist bei den phantasievollen Künstlern zu suchen, welche die wahren Iche der Menschen selbst sind. Da haben wir die Ursache! Das, was ich heute vollbringe, hat seine Ursache nicht in dem, was ich gestern vollbracht habe, sondern in meinem Ich. Gestern habe ich etwas getan, heute kann ich etwas völlig anderes tun.

Durch unseren Materialismus haben wir uns daran gewöhnt, die Ereignisse des zwanzigsten Jahrhunderts als Wirkungen zu betrachten, die ihre Ursache in den Ereignissen des neunzehnten Jahrhunderts haben. So erlebt sich der materialistische Mensch viel mehr als Wirkung des schon Gewordenen denn als Ursache dessen, was noch werden kann.

Mit anderen Worten: Wir betrachten das historische Werden so, als gebe es die Dimension des Künstlerisch-Kreativen nicht, als seien wir auch nicht mehr als die Kugeln, die sich gegenseitig anstoßen. Den Platonikern, die in unserer Mitte – in einer Zeit aristotelischer «Vorherrschaft» – kein leichtes Leben führen, Platz machen heißt verstehen, dass die wahre Verursachung immer «von oben her» kommt.

Schauen wir uns doch einmal um: Hier im Saal hängen viele Bilder von verschiedenen Künstlern. Der Künstler weiß, sofern er wirklich Künstler ist, was das heißt: Das wahrhaft schöpferische Werk, die wahrhaft schöpferische Tat kommt immer von oben, vom geistig-schöpferischen Wesen in ihm. Der wahre Künstler richtet sich nie nach dem, was bereits da ist. Vielmehr lässt er immer etwas Neues aus dem Geistigen kommen; nur so ist er Schöpfer.

Denken wir doch einmal darüber nach, welch ein schwieriges Leben diese Menschen heute haben, denn sie sind die «Anwälte» des Platonismus. Wenn die Künstler die platonische Dimension nicht am Leben erhalten – wer soll sie dann am Leben erhalten? Das höhere Ich eines jeden Menschen ist der größte Künstler überhaupt; es lebt nie von der Rendite, es lässt sich niemals vom Vergangenen bestimmen, es kennt einzig und allein Schöpfungen aus dem Nichts. Das höhere Ich ist reine Freiheit, reine individuelle Schöpferkraft. Es wiederholt sich nie. Es handelt nie aus der Wiederholung, aus der Langeweile, sondern aus der schöpferischen *Liebe*, aus der Liebe zum Schaffen. Das allein ist wahre Kunst.

Platoniker und Aristoteliker sind gleichzeitig da

Die große Aufgabe an der Jahrtausendwende – wir haben es gesehen – besteht in der Versöhnung der Welt der Materie mit der Welt des Geistes. Die aristotelische Intelligenz, die sich besonders im Westen fast ausschließlich der Erforschung und Eroberung der Erde gewidmet hat, soll sich spiritualisieren durch das platonische Ernstnehmen der geistigen Welt mit ihren geistigen Wesenheiten, die das Geschehen auf dem physischen Plan gestalten und lenken.

Es gibt eine Aussage Rudolf Steiners bezüglich des Zueinanderfindens von aristotelischer Intelligenz und platonischer Spiritualität, die von ungeheurer Tragweite ist. Diese Aussage kann zunächst von denjenigen unter uns, die sie zum ersten Mal hören, als Arbeitshypothese betrachtet werden. Sie lautet: Am Ende des zwanzigsten Jahrhunderts werden zum ersten Mal in der Geschichte die führenden Platoniker und die führenden Aristoteliker gleichzeitig inkarniert sein.

In den vergangenen zweieinhalbtausend Jahren waren die Bewusstseinsbedingungen für ein gleichzeitiges Wirken noch nie da. Was wir in der Geschichte des Abendlandes feststellen, ist ein wiederholtes Sich-Ablösen und Sich-Abwechseln von Platonismus und Aristotelismus. Das Urbild und das Urphänomen dieses Sich-Abwechselns ist der Übergang von Platon zu Aristoteles selbst: Eine

Welt löst die andere ab, weil beide so polar zueinander stehen, dass eine Synthese zunächst gar nicht in Frage kommt. Platon sucht die wahre Wirklichkeit in der Welt der Ideen, Aristoteles sucht die Ideen oder Begriffe der Dinge in der sinnlichen Welt selbst.

Eine sehr viel spätere Wiederholung dieses Wechsels ist der Übergang vom Platonismus der Schule von Chartres im zwölften Jahrhundert zum Aristotelismus der Scholastiker im dreizehnten Jahrhundert. Man kann nicht sagen, dass Aristotelismus und Platonismus einander widersprechen oder sich gegenseitig ausschließen. Jede dieser Strömungen enthält sehr viel von der anderen. Und trotzdem bleibt die Grundhaltung des Geistes und des Denkens jeweils eine ganz andere: Der Platoniker wendet sich zur Welt des rein Geistigen, der Aristoteliker will die Welt des Physischen erforschen und erobern.

Wie wird die Intelligenz spiritualisiert?

Die Geisteswissenschaft, die Rudolf Steiner am Anfang des zwanzigsten Jahrhunderts eingeleitet hat, ist die erste reale und umfassende Versöhnung von Platonismus und Aristotelismus. Aristotelisch ist in ihr die Methode der modernen Wissenschaftlichkeit, die in der streng geregelten Wechselwirkung zwischen Wahrnehmung und Denken besteht. Die Vorgabe der Wahrnehmung darf nie außer Acht gelassen oder verlassen werden; sonst würde der Mensch nur in leere Abstraktionen verfallen. Platonisch ist andererseits in ihr, dass das Wahrgenommene sich nicht auf das Physisch-Materielle beschränkt, sondern auch das Übersinnlich-Geistige umfasst.

Die Tatsache, dass um die Jahrtausendwende die führenden Aristoteliker und Platoniker zum ersten Mal gleichzeitig inkarniert sind, bedeutet, dass diese Individualitäten es sich zur Lebensaufgabe gemacht haben, zueinander zu finden und miteinander zu wirken. So wird für die Menschheit die Frage wichtig: Wie geschieht im konkreten, täglichen Leben die platonische Spiritualisierung der zunächst aristotelisch ausgebildeten Intelligenz? Wie werden die Welt der Materie und die Welt des Geistes im Bewusstsein und im Handeln der Menschen miteinander versöhnt?

Denken wir an die *Pädagogik*. Einseitig aristotelisch und materialistisch wäre eine Erziehung, die nur die Welt kennt und berücksichtigt, in die hinein das Kind sich inkarniert. Diese Erziehung wäre lediglich bemüht, das Kind für diese Welt tauglich zu machen; sie würde im Grunde genommen die bestehende irdische Welt und ihr weiteres Gedeihen als Ziel betrachten und das junge Menschenwesen als ein Instrument, das dieser Welt angepasst werden muss, um ihr am besten zu dienen, um den bestehenden Mächten dienlich zu sein. Im einseitigen Platonismus dagegen würde man gerade die irdische Aufgabe vernachlässigen und die Wichtigkeit der irdischen Verhältnisse in ihrem Einfluss auf das Kind unterschätzen.

Eine Spiritualisierung der Intelligenz in der Erziehungskunst geschieht dadurch, dass in jedem Kind eine ewige Individualität gesehen wird, die sich mit einer ganz individuellen Lebensaufgabe inkarniert. Was sie ist und was sie werden will, kann nur sie selbst der Welt sagen. Kein Pädagoge kann ihr das von außen beibringen. Andrerseits nimmt der Lehrer seine aristotelische Aufgabe sehr ernst, die darin besteht, die Inkarnationsbedingungen so freilassend und förderlich wie möglich zu gestalten. Es ist wie beim Gärtner: Es ist nicht seine Aufgabe, einzugreifen in das Formgesetz des Maiglöckchens oder der Primel, aber er ist entscheidend für die Gestaltung der notwendigen Bodenbedingungen, ohne die keine Pflanze keimen oder gedeihen kann.

Ähnliches gilt für alle Formen der *Therapie,* die versuchen, den körperlich oder seelisch kranken Menschen zu heilen. Der einseitige Materialismus besteht auch hier darin, dass man einen irdischen Begriff des gesunden Menschen zugrunde legt. Wenige durchschauen das Dogma des Materialismus, wonach das Glück des Lebens darin bestehen soll, dass es möglichst bequem und äußerlich erfolgreich abläuft. Das entspricht aber nicht den Absichten des höheren Ich. Kein höheres Ich inkarniert sich nur, um bequem zu leben, sondern vielmehr, um sich immer weiter zu entwickeln, gerade auch mit Hilfe der schwierigen Situationen des Lebens.

Der Therapeut, der seine Intelligenz spiritualisieren will, ist demnach bestrebt, mit dem übersinnlichen Wesen des sogenannten Patienten zu rechnen. Er verzichtet auf jede irdisch vorgefasste und verallgemeinerte Meinung darüber, welches das Heilverfahren sein und wie lange es dauern soll. Er wird nicht weniger als der Pädagoge zu einem Gärtner, der die Entwicklung des anderen begleitet, indem er die notwendigen Rahmenbedingungen zur Verfügung stellt. Der Sinn einer Krankheit ist das individuelle Ringenwollen mit ihr; die Ablehnung des Ringens ist ihre Sinnlosigkeit. Der Therapeut ist dazu da, das Ringen mitzubejahen und zu begleiten. Wie dieses Ringen sich gestalten wird, überlässt er der individuellen moralischen Phantasie des Ringenden selbst.

Für die *Religion* besteht die Harmonisierung des Platonischen und des Aristotelischen in einer immer tieferen Versöhnung von Glauben und Wissen. Das Streben nach

Wissen ist der aristotelisch-wissenschaftliche Anspruch des modernen Menschen. Er sucht eine gediegene Wissenschaft des Geistigen – eine Geisteswissenschaft –, die er nicht weniger frei handhaben möchte als die Wissenschaft des Sinnlichen. Diese soll die Dimension des Glaubens und des Vertrauens nicht zerstören, sondern im Gegenteil fördern und vertiefen.

Diese Betrachtung über das Platonische und das Aristotelische wird uns als Grundlage dienen für alle noch anstehenden Ausführungen. Die Menschheitsaufgabe an der Jahrtausendwende – die notwendige Spiritualisierung der Intelligenz – zeigt sich in der Harmonisierung zwischen östlicher Spiritualität und westlichem Materialismus. Auch die menschengemäße Stellungnahme den Machinationen Ahrimans gegenüber durch die Bewußtwerdung des geistig wiedererscheinenden Christus ist eine wesentliche Dimension der Spiritualisierung der materialistisch gewordenen Intelligenz.

III.

Der drohende Ost-West-Konflikt
und die Menschheitsmission
Mitteleuropas

Die Polarität zwischen platonischer und aristotelischer Weltauffassung bezieht sich zunächst auf den einzelnen Menschen. Jeder, der an der abendländischen Entwicklung teilgenommen hat, ist bisher entweder ein Platoniker oder ein Aristoteliker gewesen. Aber diese Polarität hat zugleich mit der ganzen Menschheit als einheitlichem Organismus zu tun.

Im Folgenden wollen wir uns insbesondere der bedeutungsvollen Polarität zwischen Ost und West in der Menschheit widmen. Um es vorneweg verkürzt zu sagen: Im Osten ist eine Kultur entstanden, die seit je einen entschieden platonischen Charakter trägt; im Westen dagegen ist der aristotelische Geist kulturell prägend geworden. Der Osten lebt bis heute trotz aller gegenläufigen Tendenzen von seiner alten Spiritualität; der Westen hat durch die neuzeitliche Naturwissenschaft und die moderne Technik eine Zivilisation des Materialismus hervorgebracht.

Indem wir vom aristotelischen Westen und vom platonischen Osten in der Menschheit sprechen, stellt sich zugleich die Frage der *Mitte*. Und in der Tat: Nicht von ungefähr ist eine moderne Geisteswissenschaft als Versöhnungsimpuls zwischen Aristotelismus und Platonismus – zwischen Ost und West – in der Mitte entstanden. Das

Mysterium des Zueinanderfindens und des Zusammenwirkens von Platonikern und Aristotelikern dank der gemeinsamen Grundlage einer modernen Geisteswissenschaft ist zunächst ein Mysterium der Mitte der Menschheit. Jeder einzelne Mensch kann dennoch als Individuum
zur Mitte gehören in dem Maße, in dem er diese Versöhnung zwischen Ost und West in seinem eigenen Wesen
und für die ganze Menschheit anstrebt.

Die westliche Kultur hat sich mit besonderem Interesse
der Welt der Materie gewidmet. Der Osten hat schon
immer die Welt des Geistes ins Zentrum gestellt. Vermittlung besteht immer darin, das richtige Gleichgewicht
herzustellen: einerseits den menschlichen Geist dazu zu
bringen, die Materie zu lieben, und andererseits die
Materie – zum Beispiel das Leibliche im Menschen –
dazu zu bringen, sich nicht mehr gegen den Geist zu
wenden, sondern ihm zu dienen und ihn zu suchen. Je
weniger diese Art des Ausgleichs gelingt, desto furcht-
barer wird der Konflikt sein.

Wo ist die «Mitte» der Menschheit?

Hier müssen wir gleich die Frage stellen: Soll Europa
deshalb als Mitte gesehen werden, weil *wir* gerade dazugehören? Wenn wir in den USA lebten, würden wir dann in
Amerika die «Mitte» sehen? Für eine *objektive* Beant-
wortung dieser Frage muss man vom rein Räumlich-Geo-
graphischen zunächst absehen und auf die inhaltliche
Wirklichkeit der kulturell-menschlichen Phänomene
hinschauen. Hier sei zunächst als These – die als Arbeitshypothese aufgefasst werden darf – folgende Behauptung

hingestellt: Die höchsten kulturell-sprachlichen Schöpfungen, in denen urbildhaft die *objektiven* Voraussetzungen geschaffen worden sind, um das Allgemein-Menschliche und das Schöpferisch-Individuelle zu pflegen und zu verwirklichen, sind einerseits der Goetheanismus und der deutsche Idealismus, andererseits als deren Weiterführung die Geisteswissenschaft Rudolf Steiners, die in diesem Jahrhundert eingeleitet worden ist.

Diese geistigen Errungenschaften repräsentieren *in ihrem objektiven inneren Wesen* eine reale und urbildhafte Versöhnung zwischen einseitigem Materialismus und einseitigem Spiritualismus, und in diesem Sinne stellen sie zugleich eine einzigartige Möglichkeit dar, wahres Menschentum zu retten und für die Zukunft der Menschheit fruchtbar zu machen. Der Ort oder das Volk, in dem diese Menschheitsschöpfungen entstanden sind, gehört zu den Bedingungen, nicht zum Wesen. Wenn in Goethes *Faust* das Urbild des strebenden Menschen schlechthin dargestellt wird, so kann *jeder* Mensch auf der Erde sich mit ihm identifizieren und ihn «sein» nennen. Wenn diese kulturell-geistigen Errungenschaften sich in Amerika ereignet hätten, dann wäre Amerika die geistig-kulturelle «Mitte» der Menschheit.

Es gibt ein Phänomen, das vielleicht besser als alle Theorien die Objektivität des Charakters der Mitte in Mitteleuropa zeigt. Es ist die Erscheinung von *Goethe* und *Schiller*. Diese beiden Geister sind Menschheitsgeister – und zugleich eine wahre Polarität: Goethe kann als letzter großer Platoniker angesehen werden. Seine Urpflanze, sein Urphänomen sind ganz und gar dasjenige, was Platon mit seinen Ideen gemeint hat. Schiller ist mehr ein Aristoteliker, mehr dem modernen, kantischen Intellekt – oder der Vernunft – zugewendet.

Wenn man den geistigen und kulturellen Charakter sowohl des Ostens wie auch des Westens tiefer erfasst, so wird einem klar, dass weder hier noch dort die Möglichkeit besteht, *beide zugleich* hervorzubringen, sowohl einen Schiller als auch einen Goethe. Goethe wäre ganz im Westen nicht möglich und Schiller ganz im Osten auch nicht. So können wir in Goethe die Aufgabe der Mitte sehen, den westlichen Materialismus zu spiritualisieren, und in Schiller die Aufgabe der Mitte, die östliche Tendenz zur Weltflucht durch irdische Rationalität zu korrigieren.

Der Grundcharakter der gegenwärtigen Situation der Menschheit ist durch die Tatsache gegeben, dass die Menschen, die sich im angedeuteten Sinne in der «Mitte» befinden, ihre Aufgabe, auf schöpferische, konstruktive Weise eine Vermittlerrolle zu spielen, in hohem Maße versäumt haben. Weder der Goetheanismus noch die Geisteswissenschaft Rudolf Steiners sind in genügendem Maße kulturprägend geworden. Da ein dynamisches Zentrum, wo Geist und Materie im Menschen und durch den Menschen einander durchdringen und in positiver Weise zusammenwirken und sich gegenseitig fördern, nicht oder kaum zustande gekommen ist, sehen wir uns zunehmend einem unvermittelten, bedrohlichen Aufeinanderprallen von Einseitigkeiten ausgesetzt.

Der Ernst der Freiheit und die Zahl des Tieres

Wenn ein Zusammenstoß der Kräfte auf physischer Ebene notwendig wird (und heute genügt auch ein wirtschaftlicher Zusammenstoß, der in einem gewissen Sinne bereits voll im Gange ist), so handelt es sich dabei immer, wie schon angedeutet, um eine Folgeerscheinung, niemals um das ursächliche Phänomen. Wenn eine Kollision auf dem physischen Plan geschieht und zu unendlich viel Leid, Schmerz, Krankheit und Tod für viele Menschen führt, so müssen wir darin immer einen Aufruf – einen dringenden Aufruf – sehen, der von den Wesen ausgeht, die die Menschheit lieben und die auf diese Weise unsere Aufmerksamkeit auf das zu lenken beabsichtigen, was wir vernachlässigt haben.

Das Böse ist immer, wie am Anfang erwähnt, das Unterlassen der unterschiedlichsten «Güter» der Menschwerdung in der Freiheit. Im Versäumen der Freiheit liegt immer das Wesen unserer Selbstzerstörung. Die geistige Verarmung des Menschen hat in unserer Zeit schreckliche Ausmaße angenommen, und die guten Hierarchien in ihrer Liebe erlauben es uns nicht, gewisse Grenzen der Selbstvernichtung zu überschreiten.

Dies ist zunächst so möglich, weil wir noch am Anfang des zweiten Teils der Evolution stehen, am Anfang unserer Selbstverwaltung in der Freiheit. Je weiter wir voranschreiten, desto mehr werden sich diese liebenden Wesen zurückziehen und uns erlauben müssen, in die noch tieferen Abgründe der Entwicklung zu stürzen, aber auch auf die höheren Höhen hinaufzusteigen. Eine Liebe, die den letzten Abgrund der Freiheit nicht erträgt, erträgt die Freiheit nicht.

Man kann den Unterschied zwischen Christus und den bösen Mächten auch so charakterisieren: Diese Mächte haben nicht die moralische Größe, um auch den letzten Abgrund der menschlichen Freiheit zu ertragen. Sie schrecken davor zurück. Christus hingegen hat in seiner Liebesfähigkeit die moralische Kraft, innerlich zu ertragen, dass der Mensch – wenn auch erst im Laufe einer sehr langen Entwicklung – sich selbst auch zerstören kann. Auf diese Weise will Christus die Freiheit des Menschen. Vor den Abgrund des Judas gestellt, sagt er ihm: Möge dieser Abgrund, der dir nicht erspart bleiben darf, dich so früh wie möglich zum Wiederaufstieg bringen.

Und welcher ist *der letzte Abgrund der Freiheit?* In der Apokalypse finden wir dieses Mysterium in Bildern ausgedrückt, besonders im Bild des Tieres mit der Zahl 666. Diese Zahl hat verschiedene Bedeutungen, das heißt, sie muss auf verschiedenen Ebenen interpretiert werden.

Wir haben zunächst die reale Zahl 666 (sechshundertsechsundsechzig). Der Apokalyptiker wusste, dass im 7. Jahrhundert n. Chr. – um das Jahr 666 – in der Menschheit eine erste mächtige Gegenkraft gegen den christlichen Impuls entstehen würde: der Arabismus. Freiheit kann ja nur ausgeübt werden, wenn es Gegenkräfte gibt. Durch das Entstehen der islamischen Religion, die den göttlichen Impuls des Sohnes verneint, erlebt der Mensch nur Naturnotwendigkeit und Fatalismus.

Die Zahl 666 deutet auf einen sich wiederholenden Zeitzyklus. 666 mal 2 ergibt 1332. Im 14. Jahrhundert wird der Impuls der Templer, ein durch und durch *christlicher* Impuls von ungeheurer spiritueller Kraft, durch das sich zum zweiten Mal erhebende Tier – die ahrimanische Macht Philipps des Schönen, der goldbesessen war – auf furchtbare Weise vernichtet.

Wenn wir die Zahl 666 verdreifachen, so erhalten wir 1998. Deshalb wurde schon immer vorausgesagt, dass die Menschheit am Ende dieses Jahrhunderts vor große Prüfungen gestellt werden müsse.

Aber man muss die großen, die grundsätzlich wichtigen Phänomene von den Neben- oder Begleiterscheinungen unterscheiden können. Man darf die Wirkungen im Physischen nicht als erste Ursachen nehmen. Platon hat doch

Recht: Die ursächlichen Phänomene geschehen immer im Geistigen. Ihre Erscheinung auf dem physischen Plan trägt immer den Grundcharakter der Wirkung und der Folge. Rudolf Steiner betont, dass die Geschichte «symptomatologisch» betrachtet werden sollte. In allem, was auf einer äußerlich historischen, sinnlich wahrnehmbaren Ebene erscheint, muss der Geistesforscher stets ein Symptom dessen sehen, was in den Tiefen wirkt. Wie die Tränen nicht das «eigentliche» Phänomen sind, sondern äußerliches «Symptom» für die Traurigkeit – die etwas ganz anderes ist als das Tränenwasser! –, so sind historische Ereignisse Symptome dessen, was in den geistigen Wesen – und Menschen sind auch geistige Wesen – webt und lebt.

Was tue ich, wenn ich sehe, dass aus den Augen eines Menschen Wasser tritt? Fange ich das Wasser auf und untersuche ich es auf seinen Wasserstoffgehalt, auf seinen Sauerstoffgehalt und so weiter? Normalerweise sagen wir: Dieser Mensch weint, also muss er traurig sein. Das heißt, wir betrachten das, was physisch erscheint, als Symptom, wir gehen, mit anderen Worten, nicht davon aus, dass sich die ganze Realität in dieser physischen Erscheinung erschöpft. Wir wissen, dass wir es mit einem Phänomen nicht-physischer Art zu tun haben, das auf diese Weise auf dem physischen Plan in Erscheinung tritt.

Auf die gleiche Weise müssten wir auch die Geschichte analysieren: Denn alles, was äußerlich geschieht, ist Symptom der echten Wirklichkeit, die immer geistiger Natur ist. Das Reale und Ursächliche ist immer das Geistige! Das Materielle ist immer die Erscheinungsform des Geistigen. Im deutschen Wort «er-scheinen» kommt sehr gut diese Tatsache des gleichzeitigen Zeigens und Versteckens zum Ausdruck. Erscheinen wirklich die Dinge, oder «scheinen» sie nur zu erscheinen, in der Erscheinung? *Enth*üllen sie sich oder *ver*hüllen sie sich? Es trifft jeweils beides zu! Wenn ich die Erscheinung richtig auffasse, dann offenbart sich mir an dem, was erscheint, das wahre Phänomen, so dass sich mir die Dinge *ent*hüllen. Wenn ich jedoch davon ausgehe, dass sich die gesamte Realität in der äußerlichen Erscheinung erschöpft, dann «scheint es mir» nur, als wäre es so, aber ich erfasse nicht das Tieferliegende, sodass sich mir die realen Phänomene eigentlich *ver*hüllen.

Das Versäumnis der Mitte

Wir haben in diesem Zusammenhang schon die Tatsache erwähnt, dass die Mitte der Menschheit – vor allem ihr Kern, Mitteleuropa – ihre Aufgabe, eine Versöhnung zwischen Ost und West zu bewirken, kaum erfüllt hat. In diesem Zentrum schlägt nicht das Herz der Menschheit. In dieser Mitte sind der Goetheanismus und der Idealismus entstanden; in dieser Mitte ist in diesem Jahrhundert die modernste und umfassendste Geisteswissenschaft entstanden. In diesen Impulsen haben wir das Schönste, das Menschlichste, was je in der Menschheit geschaffen worden ist. Aber weder der Goetheanismus noch die Geisteswissenschaft Rudolf Steiners sind bis jetzt wirklich kulturprägend geworden.

Was in der Mitte heute erlebt wird, ist vielmehr ein Hin- und Herpendeln zwischen Ost und West. Es gibt eine ganz und gar materialistisch ausgerichtete Wissenschaft und Technik einerseits und eine weltflüchtige und abstrakte Spiritualität oder Religion andererseits. Die Einseitigkeit der beiden Pole wirkt im Zentrum mit doppelter Kraft. Viele schwärmen in Europa von «östlicher Spiritualität» und wissen nicht einmal, dass es eine goethesche und eine geisteswissenschaftliche Spiritualität gibt.

Der Mensch der Mitte kann aber nur dort zu Hause sein, wo eine Dynamik herrscht, die unentwegt und auf immer neue Weise für den Dialog und die gegenseitige Befruchtung beider Pole untereinander sorgt. Gibt es keine Versöhnung und keine Vermittlung, kann das Wesen der Mitte keine mittlere Position einnehmen, so muss es eine doppelte Entfremdung erleben – wie «symptomatisch» jahrzehntelang durch den Eisernen Vorhang demonstriert wurde, welcher die östliche und die westliche Welt voneinander trennte. In der Mitte war eine Trennungslinie da statt eines versöhnenden und verbindenden Herzens. Diese Trennungslinie kennzeichnet bis heute die geistige Situation, in der sich Europa befindet. Das ist immer noch die europäische Wirklichkeit.

Als es äußerlich noch die Berliner Mauer und den Eisernen Vorhang gab, schien Europa die Spaltung im wahrsten Sinne des Wortes auf den Leib geschrieben zu sein: Die eine Hälfte war einseitig auf den einen Pol hin ausgerichtet, war westlich im Sinne der materialistischen Wissenschaft und Technik; die andere Hälfte war ganz östlich geprägt. Geistig und kulturell gesehen gibt es den Eisernen Vorhang noch immer: nicht weniger als vor dem Fall der Mauer. Dem scheint die Tatsache zu widersprechen, dass in der ehemaligen Sowjetunion der ideologische Atheismus nicht weniger materialistisch als im Westen ausgerichtet war. Diese Variante des westlichen Materialismus ist in der Tat durch die Macht des Westens wie ein Joch, wie ein Fremdkörper dem östlichen und besonders dem russischen Volk übergestülpt worden. Unter diesem westlichen Joch hat die östliche Seele unsäglich gelitten, aber in Wirklichkeit nie ihre ursprüngliche Spiritualität verloren.

In drei Vorträgen über die Moral, vom Gesichtspunkt der Geisteswissenschaft, in denen auch viel von Franz von Assisi die Rede ist, bezieht sich Rudolf Steiner auf eine Polarität, die am Anfang der langen nachatlantischen Epoche – nach der Sintflut, durch die der atlantische Kontinent unterging – entstanden ist.* Er beschreibt, wie in all den Jahrtausenden der urindischen, persischen, ägyptisch-chaldäischen sowie griechisch-römischen Kulturepochen die große Polarität entstand, die wir bis zum heutigen Tage im indischen Charakter auf der einen und im keltisch-germanischen Charakter auf der anderen Seite vor uns haben. Rudolf Steiner beschreibt das, was zuerst im Osten und in Europa (Amerika ist erst mit Beginn der Neuzeit Träger wirklicher, spezifischer Kulturimpulse geworden, zu jener Zeit war es dies noch nicht) entstand, als zwei wunderbare Menschenprägungen, die zugleich der Urpolarität von Ost und West entsprechen.

In Indien haben wir über Jahrtausende hinweg ein Streben, eine Sehnsucht nach dem Geistigen, eine Verehrung der geistigen Welt, die darin zum Ausdruck kommt, dass die Weisheit gepflegt wurde und ebenso die Inhalte eines noch nicht selbständig denkenden, sondern sich auf Offenbarungen – die göttlichen Ursprungs waren und vom Menschen meditiert wurden – gründenden Bewusstseins.

Eine solche geistige Weisheit wurde im selben Zeitraum, im 8. / 9. Jahrtausend v. Chr., bei den keltischen und germanischen Völkern überhaupt nicht gepflegt. Es herrschte dort etwas ganz anderes. Dort standen Jäger und Krieger in höchstem Ansehen. Was dort gepflegt wurde, waren die Willensimpulse, war das Handeln. Es drängte diese Völker

---

* Vorträge am 28., 29. und 30. Mai 1912; in: Christus und die menschliche Seele. GA 155, Dornach [3]1994.

nach Krieg, nach Eroberung, sie verfügten über einen Überschuss an körperlichen Kräften, die in der Wechselwirkung mit den Erdkräften zum Ausdruck kamen. Die Arbeit an der *Erde* war ihnen das Wichtige.

Diese beiden Grundcharaktere haben die jeweilige Leiblichkeit der Menschen geprägt. Noch heute können wir, wenn wir die Leiblichkeit eines in Europa beziehungsweise eines in Indien geborenen Menschen betrachten, diese Polarität erkennen. Die eine Leiblichkeit erlaubt eher, den Weg der Weisheit zu gehen, wobei der Gegenpol freiheitlich erobert werden muss. Die andere Leiblichkeit trägt mehr die Dynamik des Handelns in sich, des Schaffens und Kämpfens auf dem physischen Plan, während wiederum der Gegenpol ein Faktor freier Erringung eines jeden Einzelnen wird.

Der Westen zum Herrschen geboren?

Eine der Grundaussagen, die Rudolf Steiner bezüglich der Polarität Ost / West macht, ist die folgende: Es gibt im Westen kleine Kreise, vor allem in der englischen beziehungsweise amerikanischen Welt, das heißt im englischsprachigen Raum, in denen gewusst wird, dass der Westen (die anglo-amerikanische Welt) für die nächsten Jahrhunderte oder sogar Jahrtausende die Möglichkeit haben wird – sofern er das anstrebt –, die gesamte Welt aufgrund seiner technischen und industriellen Errungenschaften zu erobern und zu beherrschen. Die Politiker sind demzufolge Exponenten von Entscheidungsinstanzen, die mehr hinter den Kulissen wirken. Das Schicksal der Menschheit liegt in den Händen einiger weniger. Über die Art und

Weise, wie zum Beispiel das Geld zirkuliert, entscheiden letztendlich wenige Personen.

Der *Westen*, der über enorme wissenschaftliche Erkenntnisse und technische Machtmöglichkeiten verfügt, hat die Freiheit zu wählen, ob er dieses materielle Instrumentarium dazu verwenden will, die dem Menschen innewohnende Würde, den dem Menschen innewohnenden Geist zu pflegen und folglich *der gesamten Menschheit – also auch dem Osten und dem Zentrum – diese Entwicklungsmöglichkeiten zur Verfügung zu stellen, oder ob er dasselbe Instrumentarium dazu benutzen will, die ganze Welt zu beherrschen und auszunützen.*

Der Wille zum Guten könnte im Westen nur dann entstehen, wenn das *Zentrum*, das Herz der Menschheit, seine Aufgabe, *die technisch-naturwissenschaftliche Intelligenz zu vergeistigen,* erfüllen würde. Die Spiritualisierung der Intelligenz besteht darin, dass man dieses Denkvermögen dazu verwendet, den Menschen immer menschlicher zu machen im umfassenden Sinne des Wortes.

So hat der Westen bezüglich der Mitte die Wahl zwischen zwei Möglichkeiten, wobei die Entscheidung nur von wenigen bewußt getroffen und ausgeführt wird; die anderen müssen sich fügen. Entweder will der Westen das Gedeihen der Kultur der Mitte als unentbehrlichen Ausgleich zwischen Ost und West zum Wohl der ganzen Menschheit; oder er will die Auslöschung der Mitte und ihrer kulturellen Werte. Im ersten Fall dient der Westen der ganzen Menschheit, im zweiten Fall bedient er sich ihrer, um die eigenen Machtansprüche zu befriedigen.

Wir wollen jetzt auf einige Aspekte der Menschheitspolarität zwischen Ost und West eingehen. Die Geisteswissenschaft Rudolf Steiners ist darum bemüht, das sogenannte

Sensationelle zu vermeiden. Dieses besteht darin, dass umwälzende äußere Ereignisse von wenigen genau «prophezeit» und von vielen als Lösung der Probleme erwartet werden, denen man im Alltag begegnet. In der Geisteswissenschaft wird dagegen auf die *tieferen Kräfte* hingewiesen, die jetzt in der Menschheit wirksam sind, in dem Bestreben, sie anhand von schon zutage getretenen Symptomen in ihrer inneren Dynamik zu erfassen und auf diese Weise auch die Zukunft im Sinne des Guten immer bewußter und freiheitlicher zu gestalten.

Rudolf Steiner bezieht die zwei Grundkräfte, die im Osten und Westen wirksam sind, auf die zwei Kräftesysteme von *Nerv* und *Blut*. Das Nerven-Sinnessystem ist im Westen zur stärksten Ausprägung gebracht worden. Es hat die neuzeitliche Naturwissenschaft und die moderne Technik hervorgebracht. Dabei handelt es sich um Kräfte, die dazu prädestiniert sind, die physische Welt immer umfassender zu erobern und zu beherrschen. Man denke nur an die letzten Entwicklungen der Gentechnologie und an die Perspektiven, die durch das Gelingen des Klonens sich eröffnen.

Vom Gesichtspunkt des Wirtschaftslebens ist entscheidend der *Materialismus*, der im Westen alle Bereiche des Lebens erobert hat. Immer mehr Menschen streben nach rein materiellem Besitz, nach irdischem Erfolg, nach leiblichem Genuss. Diese Mentalität des Konsumierens hat die Begierdenhaftigkeit des Menschen ins Grenzenlose gesteigert. Für die materiellen Dinge gilt aber das Grundgesetz der Ausschließlichkeit: Was ich besitze, kannst du nicht gleichzeitig haben; mein Vorteil ist dein Nachteil. Der Kampf ums Dasein erzeugt im täglichen Leben immer mehr Stress und Gewalt, weil jeder unter Leistungsdruck leben muss und Erfolg nicht ohne unerbittliche Konkurrenz zu erreichen ist.

Diese kulturell-existenzielle Lage hat aber weitreichende Folgen. Die Welt des Westens kann ihren materialistischen Lebensstandard nur dadurch erhalten und womöglich immer weiter erhöhen, dass sie sich die ganze Erde, das heißt die ganze Menschheit untertänig macht. Was zunächst im Westen selbst als Klassenkampf zwischen Arbeitgebern und Arbeitnehmern im letzten Jahrhundert entstanden ist, weitet sich auf die ganze Menschheit aus: Der Westen wird zunehmend zum umfassenden Weltunternehmer, und dem Osten ist vom Westen die umfassende Rolle des Arbeitnehmers zugedacht. Diese Verteilung der Rollen geht parallel mit der anderen Verteilung: Der Westen nimmt für sich das Weltkapital und die Weltproduktion in Anspruch, und der Osten soll für den Absatz und den Verbrauch sorgen. Es gibt viele Phänomene, die dem zu widersprechen scheinen, die aber in Wirklichkeit zum Plan dazugehören. Sie sollen gerade dazu dienen, die Grundzüge des Weltgeschehens zu verschleiern, sodass möglichst wenige Menschen die Gesamtpläne durchschauen.

Die wirtschaftliche Weltherrschaft des Westens läßt sich nur durch die Ausschaltung der Mitte verwirklichen. Derjenige, der beherrschen will, verträgt nur Menschen, die sich beherrschen lassen, ohne sich dagegen zu wehren. Die Idee eines *Ausgleichs*, einer Versöhnung zwischen seinem Herrscherwillen und der Ausbreitung über die Welt, würde seinen Plan vereiteln. Denn ein echter Ausgleich könnte nur darin bestehen, dass der Westen seine Fähigkeit, die Erde zu beherrschen, dafür einsetzte, der ganzen Menschheit zu *dienen*, statt sie für den eigenen Egoismus ausnützen zu wollen. Dies wäre aber nur dadurch möglich, dass der Materialismus überwunden würde, dass die Menschen ihre Begierdenhaftigkeit bezüglich des Materiellen freiwillig begrenzten, weil sie anfingen, das Geistige – die

Wissenschaft des Übersinnlichen, die Kunst in all ihren Formen, die Ausübung der Religion – immer tiefer zu suchen und zu schätzen.

Zu den Grundzügen dieses Weltplanes gehört sowohl im Westen wie auch im Osten die Beziehung zwischen führender Elite und geführter Masse. Die führende Klasse ist im Westen mehr wirtschaftlicher, im Osten mehr politischer Natur, wobei diese ganz von jener abhängig gemacht worden ist. Da im Westen die materialistisch-wirtschaftlichen Instanzen in der allgemeinen «Kultur» die führende Rolle spielen, muss die Masse der Bevölkerung in den wirtschaftlichen Prozess selbst eingespannt werden. Wissenschaft und Technik sind im Westen daher die tägliche Welt nicht nur der führenden Klasse, sondern der ganzen Bevölkerung. Dies kann man keineswegs von der breiten Masse im Osten sagen; denn diese hat sowohl an der wissenschaftlich-technischen Bildung wie auch am materiellen Wohlstand viel weniger Anteil als die im Westen.

Am Anfang dieses Jahrhunderts ging es für die Verwirklichung dieses Weltplanes zunächst darum, die Mitte auszuschalten. Das war der Sinn des Ersten Weltkrieges, dessen Folge im Wesentlichen der Zweite war. Gleichzeitig wollte man im Osten, mit Russland an der Spitze, eine führende politische Klasse einsetzen, welche die schlummernde oder auch brodelnde proletarische Masse beherrschen und unterdrücken sollte – bis zu dem Punkt, wo die Unterdrückung unerträglich würde. Auf diese Weise wollte man das kommunistische «Experiment» möglichst weit entfernt vom Westen ausführen. Dann – so rechnete man – würden die Kräfte des Blutes entfesselt werden und sich in westlicher Richtung – in Richtung Mitte – in Bewegung setzen. Die Flüchtlingswelle aus den Balkanländern soll nur ein Vorgeschmack davon sein. Diese Menschenbewegung soll nochmals eine solche Verwüstung der Mitte bewirken, dass diese erneut auf die «Hilfe» des Westens angewiesen sein wird. So wird nochmals die östliche Hälfte der Menschheit, von der Mitte angefangen, zum Absatzmarkt für die westliche Wirtschaftsherrschaft gemacht.

Was ist aber mit den Kräften des Blutes gemeint? Im Westen erlebt der Mensch seine Identität und seine Würde aus dem Nerven-Sinnessystem: durch seine individuelle Beherrschung von Wissenschaft und Technik. Was er weiß und was er kann, das will der westliche Mensch der Welt zeigen. Im Osten, wo Wissenschaft und Technik keineswegs im gleichen Umfang die breite Masse erfasst haben, findet der Mensch des Volkes seine Identität im Blut. Sein Beruf oder sein Können sind ihm weniger wichtig als dasjenige, was er von Natur aus ist. Im Westen ist die Frage wichtig: Was *machen* Sie? Im Osten gilt die andere Frage: Wer *sind* Sie? Die Antwort auf diese Frage bezieht sich auf das eigene Volk, auf den Stamm, eben auf das Blut. Solange der Mensch des Ostens das Nötigste für sein materielles Leben hat, ist er ein zufriedener Mensch. Wenn die irdische Not ihn zu sehr bedrängt, melden sich die Kräfte des Blutes, die Nationalismen – eben weil es an wirtschaftlicher Wissenschaftlichkeit und technischem Können mangelt.

Das Streben des Westens nach wirtschaftlicher Weltherrschaft zeigt seine Unmenschlichkeit wie symptomatisch und urphänomenal an der sogenannten Massenarbeitslosigkeit. In der ersten Phase des Kapitalismus bedeutete die Parole «Jeder Mensch ist ersetzbar!», dass er durch einen anderen Proletarier oder Arbeitnehmer ersetzt werden konnte. In der zweiten Phase bekommt die Parole eine ganz neue Bedeutung: Jeder Mensch ist ersetzbar durch eine Maschine. Wir leben in dem Zeitalter, wo die Maschine begehrt und der *Mensch* als Störfaktor erlebt wird! So erklären sich die Massenentlassungen, die für weitere Unruhen sorgen sollen. Denn die nächsten Maßnahmen auf dem Weg zur Weltherrschaft sollen sich als einzig mögliche Lösung der Probleme darstellen, die durch Arbeitslosigkeit entstehen. Wer hat aber die Massenarbeitslosigkeit planmäßig herbeigeführt?

Die sogenannte Massenarbeitslosigkeit in der Mitte und die hungernde Verzweiflung im Osten rühren keineswegs daher, dass es für die einen keine Arbeit und für die anderen nichts zu essen gibt. Es ist in beiden Fällen eine Frage der gerechten Verteilung. Wenn die Maschinen den größten Teil der für alle Menschen nötigen Arbeit leisten, könnten *alle* Menschen einen Vorteil davon haben: Sie alle müssten weniger *maschinelle* Arbeit verrichten, und sie alle dürften mehr *menschliche* Betätigung in Anspruch nehmen. Die künstliche Verteuerung der menschlichen Arbeit mit der falschen Begründung, dass sie knapp sei, dient in Wirklichkeit dazu, eine immer kleiner werdende wirtschaftliche Herrscherklasse zu erzeugen, die eine immer größer werdende wirtschaftliche Sklavenklasse beherrscht. So erfasst das westliche Ziel der wirtschaftlichen Beherrschung auch die herrschenden Klassen der Mitte und des Ostens, die sich ihrerseits auf diese Weise zu Dienerinnen der westlichen Weltherrschaft machen.

Ich möchte hier einige Sätze Rudolf Steiners anführen, in denen er auf die Konstellation der welthistorischen Kräfte hinweist, die noch lange die Entwicklung der Menschheit bestimmen werden: «Die beiden Lager, wirtschaftlich heben sie sich ab, indem immer mehr und mehr sich zeigt, dass die englischsprechende Bevölkerung geographisch-welthistorisch darstellt eine Art Unternehmertum als herrschendes Element, das auf die eine oder andere Art besiegt die andere Welt, Mitteleuropa, Osteuropa, mehr oder weniger das Proletariat, als herrschende Welt. Wie in der modernen Fabrik sich gegenüberstehen Unternehmer und Arbeiter, so stehen sich in der Welt Unternehmertum der alten Entente mit Amerika und Proletariat in den besiegten Mächten gegenüber.» – «... dass immer mehr und mehr vom Westen aus der Kampf inszeniert werden wird, der ein rein materieller Kampf ist und der die Menschheit in die materialistischen Kämpfe hineinstürzen wird: dass vom Osten her das Blut konterkarieren wird dasjenige, was da vom Westen her als wirtschaftlicher Kampf kommt. Dieses Wort, das in der Zukunft außerordentlich wichtig sein wird in sozialer Beziehung, das für jeden wichtig ist, der sich ein helles Urteil wird bilden wollen, dieses Wort müssen wir näher interpretieren.»*

Die führende Schicht im Osten hat vom Westen den Materialismus gelernt und übernommen. Sie ist durch die wirtschaftliche Macht des Westens selber an die politische Macht gebracht worden. Sie beherrscht eine Bevölkerung, die weniger durch den Beruf als durch das Blut die eigene Würde und Identität erlebt. Der östliche Mensch kann nicht, wie der westliche, tiefe Wurzeln auf der Erde schlagen. Er erlebt sich im tiefsten Gemüt immer noch wie ein Pilger auf der Erde. Er ist auch heute anfällig für jede Art von Messianismus und tausendjähriger Erlösungshoffnung. Er ist viel mehr als der Mensch des Westens in seiner Opferfähigkeit bereit, alle irdischen Güter zu verlieren. Aber gerade diese Pilger-Gesinnung macht ihn am besten geeignet, ausgenutzt zu werden, um Massenbewegungen und Völkerwanderungen in Gang zu setzen.

* Vorträge am 22. und 23. November 1918; in: Entwicklungsgeschichtliche Unterlagen zur Bildung eines sozialen Urteils. GA 185a, Dornach ²1963.

Nur Menschlichkeit überwindet die Macht

Diese Gedanken werden hier nicht geäußert, um anzuklagen. Denn das Anklagen allein bringt noch keine Änderung zum Guten hervor. Selbst wenn Rudolf Steiner betont, dass die einzige Waffe gegen das Wesen der irdischen Macht, das er Ahriman nennt, das denkerische, wache Durchschauen ist, meint er damit keineswegs, dass mit dem Durchschauen alles getan sei. Es bleibt dabei: Das Wesen des Bösen ist immer das Versäumen irgendeines Guten, und die Überwindung des Bösen kann nur das Tun des Guten sein.

Wenn die westliche technisch-wirtschaftliche Macht böse wirkt in der Menschheit, so nicht deswegen, weil technische und wirtschaftliche Beherrschung der Erde an und für sich böse ist. Diese kann genauso im Sinne des Guten wirken. Das moralisch Böse besteht darin, dass versäumt wird, diese Kräfte *im Dienste des Menschen* einzusetzen. Dies nicht zu versäumen ist nicht die spezifische Aufgabe des Westens, sondern der Mitte. Es ist die besondere kulturelle Aufgabe der Mitte, nicht des Westens, zu zeigen, auf welche Weise man Wissenschaft und Technik für den Menschen und nicht gegen den Menschen anwenden kann. Die Entdeckungen der Wissenschaft und die Errungenschaften der Technik sind mehr Sache des Westens. Die Art und Weise der Anwendung, das «Wie» des Gebrauchs und des Umgangs damit ist mehr Aufgabe der Mitte.

Der Westen ist der Eroberer der *Erde*, sei es für oder gegen den Menschen. Die Mitte hat die Aufgabe, den *Menschen* in die Mitte zu stellen, sodass die Technik ihn nicht knechtet, sondern ihm dient. Der Westen kennt nur die Grenze des Machbaren, die Mitte soll durch die Pflege des Menschlichen allem Machbaren die Grenze zum Unmenschlichen zeigen und setzen.

Die Unmenschlichkeit der Macht und die Maßlosigkeit des technisch Machbaren werden möglich, wenn das Maß der wahren Menschlichkeit nicht gepflegt wird, wenn versäumt wird, durch die Entfaltung des Menschengeistes die dienende Rolle alles Materiellen sichtbar zu machen. Nur die ewige Freude an Kunst, Wissenschaft und Religion als Pflege der inneren Fülle des Menschenwesens kann auch irdische Macht zähmen und sie zur Dienerin des Menschen machen.

Mit der Macht kann man nie durch reine Gegenmacht fertig werden. Da müsste die Gegenmacht noch mächtiger, das heißt noch unmenschlicher sein als die zu bekämpfende Macht selbst. Die entwicklungsnotwendige Aufgabe der irdischen Macht ist eine andere: dem Menschen die Möglichkeit zu geben, an ihr zu lernen, was sie kann und was sie nicht kann. Sie kann eine gute Dienerin des Menschen sein, aber unmöglich eine gute Herrscherin. Der Mensch ist nur dann gut, wenn er sie beherrscht. Dies kann er nur in dem Maße, wie er weiß, *wozu* wirklich die Beherrschung der Erde da ist.

Wenn die Ausübung der irdischen Macht unmenschlich und böse wird, dann ist die Frage wichtig: Wo und wie ist das Menschliche, das Gute versäumt worden? Und die Antwort lautet: Dort, wo am meisten die kulturell-historischen Bedingungen vorhanden sind, dass es hätte gepflegt werden können. Werden die Ereignisse der Jahrtausendwende das moralische Gewissen der Mitte, des Herzens der Menschheit, vielleicht noch aufwecken, wenn das Maß der Unmenschlichkeit voll wird und der Schrei nach Menschlichkeit bis zum Himmel steigt?

Die westliche Würdigung der frei unternehmenden Individualität und der technisch unbegrenzten Eroberungsmöglichkeiten ist nicht weniger notwendig für die Entwicklung der Menschheit als die östliche Schätzung von Gemeinschaftlichkeit und Solidarität. Die Kräfte der Freiheit und der Brüderlichkeit müssen sich nicht notwendigerweise gegenseitig bekämpfen und abstumpfen; da hätte dann die Menschheit weder Freiheit noch Brüderlichkeit. Was Not tut, ist eine *Dritte Kraft*, die den Ausgleich so gestaltet, dass Freiheit und Brüderlichkeit, statt sich zu bekämpfen, sich gegenseitig fördern.

Die Menschheitsaufgabe der Mitte liegt im Ringen mit der Frage: Wie kann die Übung der individuellen Freiheit ihre Vollendung in der Liebe zur Gemeinschaft finden? Und umgekehrt: Wie kann die Erfahrung der Kommunion einer immer weiteren und freiheitlicheren Individualisierung für jeden Einzelnen dienen?

Die soziale Dreigliederung als globale Menschlichkeit

Die wahre und eigentliche Aufgabe Europas besteht, wenn es sein Karma als menschheitliche moralische Verantwortung aufgreift, in der Verwirklichung dessen, was Rudolf Steiner *Dreigliederung des sozialen Organismus* nennt. Ein Grundgedanke dieser sozialen Dreigliederung ist folgender: Wir haben in der Menschheit – auch geographisch gesehen – drei sich voneinander unterscheidende Grundqualitäten:

– Der Mensch des Orients zeichnet sich durch eine höchst geistige Qualität aus, auch wenn diese oft atavistischer Natur ist. Er hat seinen Blick mehr auf das Geistige gerichtet.

– Im Westen, eben da, wo die Technik entstanden ist,

haben wir die Grundqualität des Sich-zu-Hause-Fühlens in der sinnlichen Welt und im Umgang mit den Kräften der Erde.

– Im Zentrum, in Europa, hat der Mensch mehr die kulturelle Veranlagung dazu, zwischen Geist und Materie zu vermitteln.

Diese drei Eigenschaften zeigen sich als Ausdruck des Menschlichen auch unabhängig von den geographischen Örtlichkeiten in drei Sphären des sozialen Lebens:

a) Wir haben zum einen die Sphäre der Entfaltung der individuellen Talente, welche Rudolf Steiner die geistig-kulturelle Sphäre oder das *Geistesleben* nennt.

b) Zum anderen haben wir die Sphäre der Befriedigung der Bedürfnisse durch Herstellung und Verbrauch von Waren, welche er die wirtschaftliche Sphäre oder das *Wirtschaftsleben* nennt.

c) Und schließlich haben wir als dritte eine mittlere Sphäre, welche diejenige der Rechte und der Pflichten ist; es ist die Sphäre der gegenseitigen Entsprechungen von Rechten und Pflichten, wie von Begabungen und Bedürfnissen, sie ergibt einen Rhythmus wie beim Ein- und Ausatmen. Diese dritte Sphäre nennt Rudolf Steiner das *Rechtsleben*.

Der soziale Organismus ist in der gesamten Menschheit heute krank, weil diese drei Sphären, die ihrer Natur nach voneinander unabhängig sein sollen – denn zwei von ihnen müssten polar entgegengesetzte Regulierungsprinzipien haben –, so ineinander vermischt worden sind, dass eine einzige chaotische Sphäre entstanden ist. Vor allem der Staat hat zunächst sowohl die geistige Sphäre (denken wir nur an das staatliche Erziehungswesen) als auch die wirtschaftliche Sphäre (durch die unterschiedlichsten «Subventionen») aufgesaugt, wobei im Laufe dieses Jahrhunderts eine immer stärkere Verlagerung in Richtung der wirtschaftlichen Sphäre stattgefunden hat. Die wirtschaftliche Sphäre neigt immer mehr dazu, sowohl die politische als auch die geistige Sphäre zu vereinnahmen, was dazu geführt hat, dass man heute nicht mehr genau weiß, ob es die großen Industriemagnaten oder die Politiker sind, die die Geschicke der Staaten und der Menschheit lenken.

Warum sollten diese drei Bereiche des sozialen Lebens voneinander unabhängig gemacht werden?

Die kulturelle Sphäre, die Sphäre der Ausbildung und Ausübung der Talente, basiert auf einem absoluten *Freiheitsprinzip*. Die dieser polar entgegengesetzte Sphäre hingegen, nämlich die Sphäre des Wirtschaftslebens, wo es darum geht, die realen Bedürfnisse aller Menschen zu befriedigen, basiert auf einem dem Freiheitsprinzip entgegengesetzten und entgegenwirkenden Prinzip, nämlich auf dem Prinzip der Solidarität, der *Brüderlichkeit*. Jeder Mensch muss lernen, sich innerlich so zu gliedern und beweglich zu werden, dass in ihm auf kulturellem Gebiet eine Haltung der Freiheit und auf wirtschaftlichem Gebiet eine Haltung des Dienens entsteht, die derjenigen der Freiheit diametral entgegengesetzt ist.

Freiheit auf kulturell-geistigem Gebiet bedeutet, dass es dort, wo es darum geht, die individuellen Begabungen und Talente zu entfalten und zu pflegen, der einzelne Mensch ist, welcher diese Talente zum Ausdruck bringt, und dass nur er sagen darf, wie sie sich zu entfalten haben und wie das geschehen soll. Brüderlichkeit darf es in diesem Bereich nicht geben, denn Brüderlichkeit wäre hier gleichbedeutend mit Knechtung und Erpressung! Die Forderung nach Brüderlichkeit würde in diesem Bereich immer wieder Begabungen zu ersticken drohen.

In der Sphäre des Wirtschaftlichen gilt das Gegenteil. Da

muss ganz anders argumentiert und empfunden werden. Da braucht man Kriterien, die den letztgenannten polar entgegengesetzt sind. Hier geht es nicht darum, jeder Individualität in Bezug auf die Verwaltung der in ihr wohnenden Talente absolute Freiheit zu gewähren, hier handelt es sich umgekehrt darum, füreinander da zu sein, sich gegenseitige Hilfe zu leisten, um den realen Bedürfnissen Rechnung zu tragen, sich gegenseitig zu erzählen, was jedem Not tut.

Selbstverständlich entfaltet in der wirtschaftlichen Sphäre derjenige, der produziert, als Produzent seine Talente: Wir sprechen also nicht von starren, voneinander abgesonderten Bereichen, sondern von Funktionsweisen. Die heutige Tatsache aber, dass der Hersteller dem Verbraucher seine Bedingungen aufzwingt, bedeutet eine Zerstörung der Brüderlichkeit, denn im wirtschaftlichen Bereich müsste der Verbraucher sagen, inwiefern eine Dienstleistung oder eine Ware, gemessen an seinen realen Bedürfnissen, Wert für ihn hat. Denn welcher ist der richtige Wertmaßstab für eine Dienstleistung? Doch die realen Bedürfnisse derer, die sie empfangen.

Da Geistesleben und Wirtschaftsleben nur durch zwei Gesinnungsarten gut funktionieren können – Freiheit und Brüderlichkeit –, die zueinander polar entgegengesetzt stehen, muss es eine dritte, mittlere Sphäre geben, wo es weder nur um die Haltung der Freiheit noch nur um die Gesinnung der Brüderlichkeit geht, sondern vielmehr um die absolute *Gleich*berechtigung beider, das heißt um *Gleichheit*, um die gleiche Menschenwürde für alle. Es muss, mit anderen Worten, eine dritte Sphäre geben, in der ich mich zu meinem Nächsten weder aufgrund seiner oder meiner Talente noch aufgrund meiner oder seiner Bedürfnisse in Beziehung bringe, sondern lediglich als

Mensch zu Mensch. Wenn in der Beziehung von Mensch zu Mensch weder die individuellen Talente noch die Bedürfnisse die zentrale Rolle spielen, sondern das Gleichgewicht beider, das heißt die Menschenwürde als solche, so gilt die innere Einstellung und Schätzung der Gleichberechtigung, der absoluten Gleichheit aller Menschen in ihrer Würde als Menschen. Hier befinden wir uns in der Sphäre der Rechte und der Pflichten. Jeder hat angesichts jedes Rechts des anderen die Pflicht, dieses zu respektieren, so wie er selbst für jedes Recht, das er beansprucht, die Pflicht des anderen voraussetzt, es zu würdigen.

Da diese drei sozialen Sphären heute nicht voneinander unabhängig wirken, obwohl sie ihrer Natur nach so verschieden sind, ist ein heilloses Durcheinander entstanden, und so findet eine gegenseitige Zerstörung statt. Diese chaotische Vermischung ist die tiefere Ursache aller sozialen Probleme unserer Zeit. Wir verhalten uns oft dort brüderlich, wo wir frei sein und unsere Verschiedenheit verteidigen müssten; wir wollen dort frei sein, wo wir solidarisch handeln müssten, und wir wollen gleichberechtigt und gleich sein, wo keinerlei Gleichheit möglich ist.

Die spezifische Aufgabe Europas, welches sich ein Karma in der kulturellen Mitte zwischen den beiden großen Qualitäten des Ostens und des Westens ausgesucht hat, besteht eben darin, sich moralisch für die *Dreigliederung* des sozialen Organismus – ein umfassendes apokalyptisches Phänomen! – verantwortlich zu fühlen. Mit der Dreigliederung würde sich das soziale Gefüge in der Welt allmählich von Grund auf ändern, und hier liegt, was unsere Zeit betrifft, die einzige wirkliche Rettung der Menschheit. Rudolf Steiner sagt dazu: Entweder gliedert die Menschheit in den nächsten Jahrzehnten und Jahrhunderten den sozialen Organismus bewusst und frei in diese drei Grundbereiche und hält dieselben deutlich voneinander unabhängig, oder es wird zu einer Katastrophe nach der anderen kommen. Eine weitere Alternative gibt es nicht.

Damit habe ich eine große Arbeit, die zu leisten ist, nur angedeutet. Die Rudolf-Steiner-Gesamtausgabe enthält an die dreißig Bände, die sich mit der sozialen Frage befassen! Es ist in die Freiheit eines jeden Menschen gestellt, die apokalyptische Dringlichkeit dieser sozialen Aufgabe zu erfassen und sich persönlich verantwortlich dafür zu machen, denn eine kollektive Verantwortung gibt es in der heutigen Menschheit nicht mehr. Was das Schicksal der Menschen betrifft, so kann ein jeder nur noch individuell Verantwortung übernehmen. Die Zeit der Gruppenseelenhaftigkeit ist vorüber.

Wenn man wirklich zutiefst verstehen würde, worum es hier geht, so würde in einem der starke Wille entstehen, die Dinge zuerst erkenntnismäßig zu vertiefen und dann möglichst vielen zu helfen, um Räume der Freiheit und der Brüderlichkeit zu eröffnen mit dem Ziel, dahingehend zusammenzuarbeiten, die Geschicke der Menschheit positiv zu lenken, auf dass eine Korrektur derselben durch Katastrophen immer weniger nötig werde.

Kampf ums Dasein oder gegenseitige Hilfe?

Der Gegensatz der Kräfte, die im Osten und im Westen der Menschheit wirken und nach einem Ausgleich zwischen Freiheit und Brüderlichkeit verlangen, kann studiert werden anhand von zwei Menschen, die im letzten Jahrhundert gelebt haben: Darwin und Kropotkin. Der erste ist im Westen allen bekannt, der zweite fast völlig unbekannt.

Charles Darwin ist der westliche Mensch, der als Wissenschaftler die Entwicklung studiert. Er kommt zu dem Ergebnis, dass die treibende Grundkraft für die Entwicklung von Tier und Mensch der «Kampf ums Dasein» ist. Für das Überleben und für das Absterben von Arten ist entscheidend die Anpassungsfähigkeit. Fast gleichzeitig studiert im Osten der Russe Kropotkin dieselben Entwicklungsphänomene und kommt zum entgegengesetzten Ergebnis. Er stellt fest, dass die Kraft, die aller Entwicklung zugrunde liegt, die «gegenseitige Hilfeleistung» ist.

Zunächst ist es wichtig, die Tatsache zu würdigen, dass die westliche Sicht Darwins im Westen nicht nur allgemein bekannt, sondern auch allgemein anerkannt ist, während den meisten von Kropotkin nicht einmal der Name geläufig ist. Wenn wir weiterhin fragen, wer von beiden «Recht» hat, kommen wir früher oder später zu dem Ergebnis, dass *beide* im gleichen Maße Recht und Unrecht haben. Denn es gibt unendlich viele Phänomene der Entwicklung – man denke nur an das Entstehen und den Aufbau eines lebendigen Organismus –, die sich nur aus der gegenseitigen Hilfeleistung, zum Beispiel der Organe füreinander, erklären lassen. Und es gibt nicht weniger Phänomene – man denke nur an die vielen «Kriege» im Tier- und im Menschenreich –, die viel besser als Phänomene des Kampfes ums Dasein zu verstehen sind.

So ist nicht die Frage wichtig, wer von beiden Recht hat, sondern die Frage: Wie und warum entstehen im Westen und im Osten zwei entgegengesetzte Interpretationen derselben Phänomene? Die Antwort ist: Weil die beiden Menschen selbst entgegengesetzte Gesinnungen und Seelenveranlagungen in sich tragen, die sie objektiv in den Phänomenen der Entwicklung zu sehen meinen.

Nicht die Entwicklung als solche, sondern der *westliche*

Mensch hat in der modernen Zeit immer deutlicher die Kräfte des Kampfes ums Dasein in sich zutage gefördert. Im Westen ist die freie, auf sich gestellte Individualität geboren worden, und dies kann nicht geschehen ohne die Übung der Absetzungs- und Durchsetzungskräfte. Ist das an und für sich schlimm? Nein, das gehört eben zur Entwicklung, wenn überhaupt der freie und selbständige Mensch sein soll.

Die Sichtweise von Kropotkin wiederum weist darauf hin, dass im Osten die freie, um ihr Dasein kämpfende Individualität viel weniger als im Westen erlebt wird. Er sieht deshalb überall gegenseitige Hilfeleistung in der Entwicklung, weil der Durchschnittsmensch im Osten viel mehr als im Westen sich eingebettet erlebt in einem Gemeinschaftlichen und von einem Gruppenseelenhaften getragen. Das, was die Gruppe konstituiert, wird als das Gute erlebt, als ein Gottgegebenes, das wie ein Natürliches wirkt. So wird die gemeinsame Religion nicht weniger bindend erlebt als das gemeinsame Blut. Selbst wenn eine kommunistische Partei mit ihrer «atheistischen» Ideologie die Gemüter erfassen will, kann sie das nur, wenn sie sich als messianische, «göttliche» Bestimmung und Mission des Volkes für die ganze Menschheit darstellt.

Welche Kräfte stehen sich denn eigentlich gegenüber in diesem drohenden Konflikt zwischen Ost und West? Es ist der welthistorisch gigantische Gegensatz zwischen der westlichen Mentalität des Krieges aller gegen alle und der östlichen, nostalgischen Sehnsucht nach Gemeinschaft und Geborgenheit. Es prallen aufeinander alle Kräfte der individuellen Freiheit einerseits – die, wenn sie die Liebe nicht kennt, zunächst nur Willkür und Egoismus ist – und andererseits alle Kräfte des Zusammenhaltens und des

Gruppenhaften – die, wenn noch keine individuelle Autonomie vorhanden ist, zunächst nur Triebhaftigkeit und
Bevormundung kennen.

Wie könnte es uns noch deutlicher werden, dass die
dringendste Aufgabe in der heutigen Menschheit diejenige einer Versöhnung und eines Ausgleichs ist zwischen
individueller Freiheit und brüderlicher Gemeinschaftlichkeit? Die kulturhistorische Aufgabe der Mitte, der Vermittlung, darf nicht länger versäumt werden! Der Mensch
kann seine wahre Würde und Fülle als Mensch nur dadurch erleben, dass er *beides* in sich vereinigt und aus-
gleicht: die innere Autonomie und Freiheit in der Entfaltung seiner Begabungen und zugleich, dank eben dieser
Freiheit, die liebevolle Bemühung, allen Menschen zu
dienen in der brüderlichen Befriedigung ihrer Bedürfnisse
als der notwendigen Bedingung für die Erfahrung der
schöpferischen Freiheit.

Freier Mensch oder geklonter Mensch?

Im drohenden Menschheitskampf zwischen dem westlichen Individuum, das als Folge des Materialismus voller
Egoismen steckt, und der östlichen Gebundenheit, die in-
folge einer unzeitgemäßen Spiritualität die Erde noch
nicht erobert hat, ist von Bedeutung, was Rudolf Steiner
über Menschen sagt, die sowohl im Westen wie auch im
Osten ihre wahre Menschlichkeit zunehmend zu verlieren
drohen. Im Vortrag am 22. Oktober 1920 führt er aus, dass
wegen des Versäumnisses der Mitte, die Dreigliederung
des sozialen Organismus zur Überbrückung der Gegensätze in der Menschheit einzusetzen, diese Gegensätze

immer einseitiger und extremer werden.* Die Freiheit im Westen artet aus in rücksichtslose Ausbeutung von Erde und Menschheit. Die Gemeinschaftsveranlagung im Osten artet aus in Verlust von Ichhaftigkeit und Erdenverbundenheit.

Rudolf Steiner weist auf das große Mysterium hin, dass es im Westen zunehmend Menschen geben wird, die zum Werkzeug werden von übersinnlichen Wesenheiten, die sich ihrer bedienen, um die Erfüllung der Aufgabe der sozialen Dreigliederung zu vereiteln. Diese besonderen Menschen werden sich in drei Gruppen gliedern. Die einen werden Genies der Erkenntnis der elementaren Kräfte der Erde sein und alles Kolonisatorische und Handelsartige treffsicher und eigennützig lenken können (eine Verkehrung der Gesinnung der Brüderlichkeit im Wirtschaftsleben). Die zweiten werden die besondere Begabung haben, alle möglichen Handlungsweisen zu *recht*fertigen durch vorgetäuschte gute Intentionen, die eine Pervertierung des Rechtslebens darstellen. Die dritten werden jeden Sinn für individuelle Begabungen und Freiheit des Geisteslebens trüben, indem sie alles auf die Natur und auf die Gemeinsamkeit des Blutes zurückführen und den Menschen zur Schablone der Kräfte seiner Nationalität machen.

Auch im Osten werden übersinnliche Wesen manche Menschen von sich besessen machen, indem sie diese dazu veranlassen, sich nicht recht mit den Kräften der Erde verbinden zu wollen, eine Abneigung zu empfinden gegen das menschliche Inkarniertsein durch volles Ergreifen der Leiblichkeit, wie es unerlässlich ist für ein gesundes Wirt-

---

* In: Die neue Geistigkeit und das Christus-Erlebnis im zwanzigsten Jahrhundert. GA 200, Dornach ³1980.

schaftsleben. Andere werden, wie Rudolf Steiner sagt, in einem «unegoistischen Egoismus» leben, in einer «eingebildeten Selbstlosigkeit», die jedes menschenwürdige Rechtsleben unmöglich macht. Wieder andere werden in dumpfen Mystizismen leben wollen, die einem vollerwachten, bewussten und individuellen Geistesleben entgegenwirken.

Auch wenn man diese Ausführungen Rudolf Steiners zunächst nur als Arbeitshypothese betrachtet, so drängt sich einem doch die Frage auf: Was bedeutet es im Hinblick auf das Apokalyptische dieser Jahrtausendwende, dass am Ende des Jahrhunderts die *Klonierung von Menschen* als technische Möglichkeit in allernächste Nähe gerückt ist? Werden die Menschen «Menschen» gentechnisch herstellen können, die im wahren Sinne des Wortes keine Menschen sind – weil sie kein individuelles Ich und keine eigene Seele haben – und die zum Werkzeug anderer Mächte gemacht werden, die für den Menschen böse sind und Böses bewirken?

Diese unheimlich anmutende Frage zeigt uns umso eindringlicher, wie dringend notwendig es ist, diesen unmenschlichen Kräften, die sich auf diese Weise im Osten und im Westen ankündigen, entgegenzuwirken durch die Pflege der Kraft der Mitte, der Vermittlung zwischen Gegensätzen durch eine menschenwürdige *Dreigliederung* des ganzen sozialen Lebens.

Wir werden im Folgenden sehen, dass die Verselbständigung der drei Grundbereiche des Lebens dazu dient, sowohl wahre Freiheit als auch echte Brüderlichkeit und menschliche Gleichheit zu ermöglichen und gleichzeitig den Menschen dazu fähig zu machen, den geistig wiedererscheinenden Christus zu erkennen und zu erleben. Denn der Christus-Impuls umfasst alle Kräfte der Freiheit, der Brüderlichkeit, der Gleichheit. Die Ausbildung und Pflege dieser

Kräfte im Einzelnen und im Sozialen erzeugt im Menschen zugleich ein umfassendes Wahrnehmungsorgan für die Wiederkunft Christi. So bereitet sich der Mensch vor auf die bewusste Begegnung mit dem Menschheitsrepräsentanten, der in seiner moralischen Phantasie alle Intuitionen der Freiheit, der Brüderlichkeit und der Gleichheit jedes Menschen und der ganzen Menschheit birgt.

IV.

Das Wiedererscheinen Christi
und der Herr des Karmas

Wir haben die Frage gestellt, welche Bedeutung jene besondere und einmalige Konstellation von Ereignissen hat, die auf dem bleibenden Hintergrund des Werdens am Ende dieses Jahrhunderts auftreten und mit denen der Mensch konfrontiert wird, damit er die Möglichkeit bekommt, neue, wichtige Schritte in seiner eigenen Entwicklung zu vollziehen.

Wir haben gesehen, dass Freiheit nicht möglich wäre, wenn es nicht die Möglichkeit gäbe, gebotene Entwicklungschancen auch zu versäumen. Dies wäre wiederum nicht möglich, wenn wir eine in jeder Hinsicht zyklische, eine nur sich immer gleich wiederholende Evolution hätten, wenn immer dieselben Entwicklungsmöglichkeiten und Gelegenheiten in genau der gleichen Form wiederkehrten.

Gerade darin liegen der Ernst der Freiheit und die moralische Verantwortung ihr gegenüber. Freiheit schwebt immer über dem Abgrund, der sich auftut zwischen dem Beim-Schopfe-Fassen der einmalig vom Augenblick gebotenen Möglichkeit, dem «καιρος» (kairos), und dem Versäumen derselben Möglichkeiten. Zwar gibt es immer in der Entwicklung, wie schon erwähnt, eine begrenzte Nachholbarkeit, weil niemals *alle* Entwicklungsfaktoren *ganz anders* werden. Aber da es weniger auf die zugrundeliegenden Konstanten ankommt – die als solche die notwendige Bedingung für *alle* Entwicklungsstufen abgeben – als auf das vom Menschen zu vollbringende Besondere und Einmalige jeder Zeit, muss genauso betont werden, dass durch das stetige Sich-Wandeln der *spezifischen* Entwicklungsfaktoren die Nachholbarkeit doch *begrenzt* ist.

Diese Aussage, die für jede Stufe der Entwicklung Gültigkeit hat, gilt ganz besonders für jene historischen Abschnitte, in denen Ereignisse stattfinden, die nicht nur einmalig, sondern noch dazu von ganz entscheidender Bedeutung sind, sodass alles, wenn man es vom Moralischen her betrachtet, noch viel mehr Gewicht hat.

Eines dieser Ereignisse ist – beginnend mit den dreißiger und vierziger Jahren des 20. Jahrhunderts – nach Rudolf Steiner die Tatsache, dass der *Mensch dem Wesen der Liebe, dem Christus* zum ersten Male *auf reale Weise übersinnlich begegnen kann.* Alle Voraussetzungen, die notwendig sind, damit dieses Ereignis stattfinden kann, sind jetzt – sowohl hinsichtlich der Evolution des menschlichen Bewusstseins als auch, was die richtigen äußeren, dieses Ereignis ermöglichenden Faktoren betrifft – gegeben.

Das Mysterium der zweiten «Ankunft» des Christus, das Mysterium seines geistigen Wiedererscheinens finden wir auch im christlichen Schrifttum angekündigt.

Sehen und verstehen ist zweierlei

Das erste Mal ist Christus vor zweitausend Jahren auf dem physischen Plan erschienen. Seine irdische Inkarnation finden wir im Neuen Testament beschrieben.

Bei der sogenannten «Wiederkunft» wird Christus dem Menschen nicht mehr in physischer, sondern in «ätherischer», übersinnlicher Gestalt auf dem imaginativen Plan begegnen. Die Erscheinung des Christus in Form einer ätherischen Schau oder Vision kann mit einer sinnlichen Wahrnehmung verglichen werden. So wie wir im Sinnlichen Wahrnehmungen haben, die uns entgegentreten und über die wir nachdenken dürfen, so ist die Erfahrung der Wiedererscheinung Christi zunächst wie eine Wahrnehmung im Übersinnlichen, die wir nicht weniger mit unserem Denken erfassen müssen.

Wir fügen fortwährend jeder sinnlichen Wahrnehmung den entsprechenden Begriff hinzu. Wir führen so etwas wie ein inneres Gespräch und sagen: «Was ich hier sehe, ist eine Rose.» Es handelt sich um einen inneren Dialog zwischen der Wahrnehmung und dem, was ich aufgrund der Kräfte meines Denkens über die Wahrnehmung aussage. Wenn es darum geht, der *übersinnlichen* Wahrnehmung gegenüber den Begriff zu finden, steigen wir von der Stufe der «Imagination» zu der der «Inspiration» auf. Diese Namengebung darf uns nicht stören; man könnte dafür auch andere Wörter gebrauchen.

Wie im Bereich des gewöhnlichen Erkennens die Synthese zwischen Wahrnehmung und Begriff zur vollen Erkenntnis führt, so führt beim Erkennen des rein Geistigen die Synthese zwischen Imagination (Wahrnehmung im Geistigen) und Inspiration (Begriffsbildung über das rein Geistige) zur «Intuition». Was Rudolf Steiner Intuition nennt, ist also das wirkliche und wesenhafte Erkennen des rein Geistigen, das Vordringen bis zur direkten Erfahrung von geistigen Wesenheiten selbst.

Wir sind es heute gewohnt, lediglich die Welt der sichtbaren Erscheinungen gelten zu lassen, und wissen in der

Zeit des Materialismus beinahe nichts darüber, wie man zu einer direkten, nicht weniger wissenschaftlichen Erkenntnis der übersinnlichen Welten kommen kann.

Bei der Begegnung mit dem auferstandenen Christus erscheint vor dem geistigen Auge zunächst ein ätherisches Licht-Bild, eine Lichtgestalt. Wenn der Mensch, der eine solche Erscheinung sieht, ihr geisteswissenschaftliche Kenntnisse entgegenbringt, wird er wissen, um was es sich bei dieser Imagination handelt. Andernfalls wird er seine Erfahrung schwer richtig deuten oder verstehen können. Darin liegt der große Unterschied. Es kommt nicht so sehr darauf an, etwas zu sehen. Worauf es vielmehr ankommt, ist, zu wissen, worum es sich bei dem Gesehenen handelt.

Wenn jemand übersinnliche Wahrnehmungen hat, ohne zu wissen, was das ist, was er sieht, so wäre es besser, er hätte gar keine solchen Wahrnehmungen, denn dann wäre er wenigstens nicht versucht, sich für weiterentwickelt als andere zu halten. Wenn jemand das, was er schaut, nicht mit seinem Denken in seiner Objektivität erfassen kann, so hat er nur instinktive, atavistische Visionen. Wir alle hatten vor drei-, vier-, fünftausend Jahren derartige Visionen, wir alle konnten damals auf diese Weise «hellsehen». Es war aber ein altes Hellsehen in dem Sinne, dass noch kein eigenes individuelles Denken hinzu kam.

Deshalb ist der Hellseher von heute, der das, was er sieht, was er als Vision wahrnimmt, nicht mit seinem Denken durchdringt, als Mensch in seiner Entwicklung nicht weiter als andere fortgeschritten. Wenn er weitere Schritte nach vorn tun würde, das heißt Schritte in Richtung innerer Autonomie, würde er dieses atavistische Hellsehen überwinden.

Ich habe schon öfters den folgenden Vergleich angeführt: Ein Erwachsener steigt mit einem eineinhalbjährigen Kind auf einen Hügel. Als sie oben angekommen sind, sehen sie auf der anderen Seite des Berges, im Tal, eine furchtbare Schlacht wüten. Es fließt viel Blut, und es spielen sich schreckliche Szenen von Gewalt ab. Es ist entsetzlich und äußerst gefährlich. Der Erwachsene beschließt umgehend wegzulaufen, um der Gefahr zu entrinnen. Und das Kind?

Was sieht das Kind, indem es in das Tal hineinschaut? Alles und nichts. Es sieht viele Farben, es sieht die Farben der Fahnen, auch die des fließenden Blutes, und es sieht Bewegungen hin und her ... Das Kind sieht alles. Aber es sieht nicht die Schlacht, es sieht nicht den Tod, es sieht nicht die Gefahr, denn all das kann man nur mit dem Denken «sehen». Dieses Kind verfügt zwar über die Potentialität des Denkens, aber diese hat sich bei ihm noch nicht aktualisiert. Deshalb «sieht» es alles, ohne aber zu wissen, was da vor sich geht.

Das ist der wichtige Unterschied zwischen bloßem Sehen und Verstehen dessen, was man sieht. Das Kind versteht nichts, aber es sieht alles. In dieser Situation befinden sich auch viele «Hellseher» unserer Tage.

Das Besondere, man kann sagen Einmalige an Rudolf Steiner ist nicht, dass er übersinnliche Wesen oder Vorgänge sah oder wahrnahm. Das hat er mit vielen anderen gemeinsam. Der große Unterschied zwischen ihm und vielen, vielen anderen besteht darin, dass er in höchstem Masse die Fähigkeit hatte, mit seinem klaren, im Umgang mit der sinnlichen Welt wissenschaftlich geübten Denken in das übersinnlich Wahrgenommene einzudringen. Er kann denkerisch unterscheiden: Dies ist ein Lichtengel, dies ist ein luziferisches Wesen, dies ist ein ahrimanisches Wesen, dies ist ein Erzengel – also etwas ganz anderes als ein Engel, denn er hat die und die Eigenschaften, die und die Aufgabe, die und die Wirkungsweise und übt diesen oder jenen Einfluss auf andere Wesen aus.

Luzifer, Christus, Ahriman

Aus seinen Forschungen im Übersinnlichen berichtet Rudolf Steiner, dass sich in der nachsintflutlichen Evolutionsperiode drei große geistige Wesenheiten auf dem physischen Plan inkarnieren, und zwar jede nur ein einziges Mal.

Am Anfang des dritten Jahrtausends vor Christus hat sich ein einziges Mal *Luzifer* im Osten inkarniert. Er hat damals die gesamte Strömung der alten Weisheit eingeleitet. Luzifer ist ein Inspirator von göttlicher Weisheit, das heißt von Weisheit, die vom Menschen noch nicht selbst verwaltet wird – so wie das «alte Hellsehen», von dem eben die Rede war.

Vor zweitausend Jahren geschah die einmalige Fleischwerdung des *Christus*, die einmalige Inkarnation Christi auf dem physischen Plan mit der dazugehörigen Erfahrung des Todes.

In unserer Zeit wird unmittelbar vorbereitet die ebenfalls einmalige Inkarnation *Ahrimans* auf dem physischen Plan, die im Westen stattfinden wird. Ahriman ist der Herrscher über die Welt der Materie.

Was hat es mit diesen drei geistigen Wesenheiten auf sich? In dieser Dreiheit sind im Grunde genommen alle Impulse der menschlichen Entwicklung auf dem Wege zu einer immer wesenhafteren Freiheit und Liebe enthalten.

Luzifer trägt in sich die Einseitigkeit der Spiritualisierung, die den Menschen dazu verführt, die Materie zu verachten und sie zu fliehen.

Ahriman trägt in sich alle Impulse der materiellen Einseitigkeit und zielt darauf ab, den Menschen immer mehr materialistisch gesinnt zu machen, sodass er im Laufe der Zeit den Geist völlig vergisst und verleugnet.

Zwischen diesen beiden großen Verführern zur Einseitigkeit in der Entwicklung zur Freiheit – wir haben gesagt, dass Freiheit nur ausgeübt werden kann, wenn es Polaritäten gibt, zwischen denen man sich frei bewegen kann – gibt es den dritten Impuls, der dem Menschen die Kraft verleiht, das Gleichgewicht immer wieder herzustellen. Dieser dritte ist der Christus-Impuls.

Christlich ist alles, was zwischen Extremen vermittelt. Der Mensch verliert seine wahre Menschlichkeit sowohl in dem einen wie auch in dem anderen Extrem. In der Übung der Versöhnung zwischen Extremen findet sich der Mensch wieder und erlebt immer neu die Liebe des Geistes zu dem wertvollen Instrument, welches die Materie ist, und ebenso die Sehnsucht der Materie nach dem befreienden Geist. Das ist das Wesen der Christus-Kraft im Menschen.

Stets begleiten alle diese drei Wesenheiten die Menschheit im Geistigen. Es ist verständlich, dass sich die *spirituelle* Einseitigkeit vor Christus inkarnieren musste und die *materialistische* Einseitigkeit nach ihm. Ahriman wäre ganz fehl am Platze gewesen, wenn er sich vor fünftausend Jahren inkarniert hätte. Wenn wir dagegen die Phänomene in unserer Welt mit offenen Augen verfolgen, so müssen wir uns sagen, dass Ahriman, wenn er in unserer Zeit kommt, gar nicht fehl am Platze ist. Deshalb kommt er gern. Deshalb *muss* er sogar kommen.

Die erste Ankunft und die «Wiederkunft» Christi

Eine Frage wird für uns angesichts dieser drei großen Inkarnationen wichtig: Wo liegt der Unterschied zwischen der ersten Ankunft Christi vor zweitausend Jahren und seinem geistigen *Wiedererscheinen* in der jetzigen Zeit, welche zugleich die Zeit der physischen Inkarnation Ahrimans ist? Zuerst sind es wenige Menschen, die Christus im Ätherischen begegnen. Im Laufe der Zeit werden sie aber immer zahlreicher sein. Wir haben schon erwähnt, dass eine Entwicklung in Freiheit nur möglich ist, wenn die Menschen verschieden schnell in der Evolution vorankommen. Wenn alle notwendigerweise dasselbe Entwicklungstempo einhalten müssten, wäre Freiheit nicht möglich.

So muss es Menschen geben, die weiter fortgeschritten sind, und andere, die erst später nachkommen. Damit ist zunächst noch keine moralische Wertung ausgesprochen. Die Grundforderung der Evolution an diejenigen, die weiter sind, besteht darin, dass sie sich dieses ihres Weiterseins nicht rühmen, sondern anerkennen, dass sie es dem Opfer derjenigen zu verdanken haben, die zurückgeblieben sind und dadurch auf gewisse Entwicklungsmöglichkeiten für sich selbst verzichtet haben, damit andere sie in Anspruch nehmen dürfen.

Die christliche Haltung dessen, der gegenüber seinen Mitmenschen wirklich weiterentwickelt ist, ist immer die innere Haltung der *Fußwaschung*. Wer gewisse Fähigkeiten hat, die seine Mitmenschen nicht haben, zeigt sein Fortgeschrittensein in der Evolution gerade dadurch, dass er Dankbarkeit empfindet für das, was er empfangen durfte, und die moralische Verantwortung erlebt, alle empfangenen moralischen Kräfte zurückfließen zu lassen zu allen Wesen, die ihm nachkommen.

In diesem zwanzigsten Jahrhundert haben also zunächst einige Menschen die Möglichkeit, eine reale Erscheinung des Christus in ätherischer Form zu erleben. In den nächsten zwei- bis dreitausend Jahren werden alle Menschen diese Fähigkeit erlangen.

Wir hatten die Frage gestellt: Worin besteht der zentrale Unterschied zwischen der ersten Ankunft des Christus und seiner «Wiederkunft»? Das griechische Wort für die Wiederkunft des Christus ist im Neuen Testament παρουσια (parusìa); ουσια ist das Wesen; παρα heißt neben, daneben. Das Wort bedeutet also ein wesenhaftes Dabeisein, eine begleitende geistige Gegenwart. Wenn man dieses Wort mit «Wiederkunft» übersetzt, erweckt man oft den falschen Eindruck, dass Christus weggegangen wäre und jetzt zurück- oder wiederkäme.

Ich habe oft darauf hingewiesen, dass dies nicht wahr ist. Das griechische Wort sagt klar und deutlich, dass das Christuswesen immer anwesend, immer gegenwärtig ist, dass es sich um eine fortwährende geistige Gegenwart handelt. Die Begegnung mit dem Auferstandenen ist also nicht so zu verstehen, dass er aus der Entfernung wieder zu uns käme. Das Wesentliche des Phänomens besteht vielmehr darin, dass es der Mensch ist, der ihm bewusstseinsmäßig entgegengeht und ihm begegnet.

Darin liegt der grundlegende Unterschied zwischen dem ersten und dem zweiten Erscheinen des Christus. Das erste Mal ging es um seine Entscheidung, zu der gesamten Menschheit zu kommen, ohne erst auf unsere Antwort zu warten, ohne darauf zu warten, dass wir das verstehen, dass wir sein Erscheinen zu schätzen wissen. Das erste Kommen ist ganz die Tat seiner Liebe, die für alle Menschen ohne Unterschied vollbracht wurde.

Sein zweites Erscheinen liegt dagegen mehr in der Antwort jedes einzelnen Menschen. Seine erste Ankunft und sein Wirken im Menschen durch die vergangenen Jahrhunderte hatten den Sinn, die Menschennatur in jedem von uns so zu verwandeln, dass sie fähig wurde, nun das Wesen der Liebe auf ganz individuelle und übersinnliche Weise zu erleben. Durch das Wirken Christi in seinem Inneren wird jeder Mensch im Laufe der Entwicklung dazu fähig gemacht, in seinem Geist, das heißt durch sein intuitives Denken und dank der Kräfte der Liebe Christus zu schauen.

Die «Wiederkunft» und der «Weltuntergang»

Rudolf Steiner bezieht sich in diesem Zusammenhang auf das Neue Testament, wo vom Ende der Welt, vom «Weltuntergang» gesprochen wird. Man hat sich immer gefragt, ob die ersten Christen davon ausgegangen seien, dass das Ende der Welt sehr nahe sei. Wenn man bestimmte apokalyptische Aussagen in den Evangelien betrachtet, könnte man tatsächlich denken, die Evangelisten hätten geglaubt, der Christus würde anläßlich eines äußerlich-physischen Weltenendes «auf den Wolken des Himmels» wiederkommen, um die Lebendigen und die Toten zu richten. Diese Art der Auslegung rührt aber vom modernen Materialismus her und hat mit dem, was im Originaltext gemeint ist, nichts zu tun. Das Neue Testament will damit etwas ganz anderes sagen.

Die Grundaussage der Evangelien, wo vom «Weltuntergang» und von der Wiedererscheinung Christi «auf den Wolken des Himmels» die Rede ist, ist folgende: Die Welt des Vaters, die Welt der Naturnotwendigkeit, hat aufgehört, das entscheidende Wort zu sprechen. Die Welt der Naturgesetze, der Mechanismen und der Determiniertheit hört auf, die allein führende Rolle in der Evolution zu spielen. Von jetzt an, da das Wesen der Liebe und der Freiheit durch sein «Gehen zum Vater» alle Kräfte der Erde durchdringt, da das Wesen des Ich aus der Erde seinen Leib gemacht hat, wird die Welt des Vaters nicht mehr die einzige verursachende Welt sein.

Wenn in Dantes *Göttlicher Komödie* Vergil beim Übergang vom Fegefeuer in das «irdische Paradies» seine Aufgabe als Führer beendet und sagt: «Te sovra te corono e mitrio» («So krön' und salbe ich dich nun zum Herrscher»), heißt das soviel wie: «Von jetzt an bist du selbst Kaiser und Papst»; oder: «Deine geistige (Papst) und weltliche (Kaiser) Entwicklung liegt von nun an in deinen Händen, du bist ein freies und selbständiges Wesen.» Dante wird von nun an von Beatrice geführt. Hier wird angedeutet, dass die Führung von außen aufhört und diejenige von innen anfängt; denn Beatrice kann man nur als innere Führerin, als innere Instanz verstehen. Vor Christus gab es im Menschen nur die Führung durch die Natur und ihre Kräfte, vor Christus gab es im Menschen nur keimhaft individuelle geistige Freiheit.

Durch das Christus-Ereignis hat das «Weltenende» stattgefunden, und es findet im Menschen immer dann statt, wenn der Mensch sich mit den Christus-Kräften durchdringt. Jedesmal, wenn der Mensch diese Erfahrung nicht macht, lebt er noch im «Alten Testament», lebt noch vor dem «Weltenende». Mit anderen Worten: Die mit Notwendigkeit wirkenden Naturkräfte *in ihm* sind noch nicht an ihrem «Ende» angelangt in dem Sinne, dass sie noch nicht aufgehört haben, allein bestimmend zu sein, noch nicht zur Bedingung und zur Grundlage für ein Höheres gemacht worden sind. Sie sind immer noch die entscheidende Ursache, sie haben im Wesen des Menschen noch die führende Rolle inne.

Das wahre Wesen des Menschen liegt aber nicht in dem, was der Mensch mit der Welt der Natur gemeinsam hat, sondern in dem, was als ein «Mehr» im Sinne von Freiheit und Selbstbestimmung hinzukommt. Das ist die wahre Bedeutung des «Weltenuntergangs». Er ist nicht etwas Äußerliches, sinnlich Wahrnehmbares. Er findet in jedem Menschen statt, in dem Freiheit erfahren und eine reale Durchchristung des ganzen Wesens erlebt wird.

Mit anderen Worten: Wenn ein Mensch nicht *in sich* selbst den «Weltenuntergang» herbeiführt, dann wirkt in ihm die «Welt» weiter mit ihrer Notwendigkeit. Er ist noch nicht frei. Es gibt ihn als freies Wesen noch nicht.

Bis zum vierten Jahrhundert hat es christliche Eingeweihte gegeben, die Begriffe wie das «Ende der Welt» und das Kommen des Christus «auf den Wolken des Himmels» richtig aufgefasst haben und wussten, was sie bedeuteten. Erst im Laufe der Zeit ist vieles an geistiger Erkenntnis verloren gegangen, um vom Einzelnen freiwillig und individuell wieder gesucht und gefunden werden zu können.

Viele Bilder des Evangeliums, die oft auf materialistische Weise interpretiert worden sind, sind Bilder geistiger Wirklichkeiten. Die «Wolken des Himmels» beispielsweise, auf welchen der Christus wiederkommt und geistig erscheint, sind keine materiellen Wolken. In der Esoterik bedeuten sie stets die ätherische Welt, die Welt der kosmischen Lebenskräfte. Was die Geisteswissenschaft Rudolf Steiners mit einem Fachbegriff die «ätherische Welt» nennt, wird im Neuen Testament – nicht weniger mit einem Fachbegriff – «Wolken des Himmels» genannt. Es ist beide Male ein und dasselbe gemeint, nämlich die Welt, die sich durch übersinnliche Schauungen oder Imaginationen kundgibt.

Wenn es heißt, dass Christus auf den Wolken des Himmels wiederkommt, so bedeutet dies, dass Christus in ätherischer Gestalt wiedererscheint, das heißt, dass er nicht mehr auf dem physischen Plan als solchem gesehen und erlebt werden kann.

Durch solche Beispiele wird uns deutlich, dass wir in Bezug auf das Verständnis des Neuen Testaments erst am Anfang stehen. Die Menschen durften zunächst eine Gemütsbeziehung zu diesen Texten haben, die «Glaube» genannt wurde. Jetzt darf mehr und mehr das denkerische Verstehen hinzukommen, wofür aber eine gediegene und objektive Wissenschaft des Geistigen unerlässlich ist. Denn die Heilige Schrift ist ein durch und durch «geistes*wissenschaftlicher*» Text.

Das Christus-Ereignis ist in der Geisteswissenschaft Rudolf Steiners nicht eine Wirklichkeit neben vielen anderen. Es ist vielmehr das Zentrum, das Herz der Menschheitsentwicklung und der Entwicklung der Erde, wo alles andere seinen einheitlichen Sinn bekommt. Jedes Phänomen der Entwicklung wird verstanden in dem Maße, in dem seine Beziehung zum Christus-Mysterium verstanden wird.

Die zweitausendjährige Vorbereitung

Im Zusammenhang mit dem zweiten Erscheinen des Christus, das eine neue Stufe in der Evolution des Menschen einleitet, können wir auch das traditionelle Christentum auf ganz neue Weise verstehen. Das wahre Wesen des Christentums ist nie in dem gewesen, was die Menschen dafür gehalten haben; das heißt, das wahre Christentum ist nie die Theologie, sind nie die von Menschen aufgestellten Dogmen gewesen. Das Wesen des Christentums ist das Christus-Wesen selbst und sein Wirken. Die tiefere Wirklichkeit der vergangenen zweitausend Jahre liegt in dem, was Christus in der Menschheit vollbracht hat. Die Ideen, die die Menschen sich über das, was er getan hat, gebildet haben, können als eine Begleiterscheinung betrachtet werden.

Christus wusste, dass es, um die richtigen Erkenntniskräfte aufkommen zu lassen, nötig war, im Menschen die dazu erforderlichen Bedingungen erst zu schaffen. Das Wesen des traditionellen Christentums ist also das liebende Wirken des Christus in den Tiefen des Menschen, um den Menschen erst in die Lage zu versetzen, angesichts seines Mysteriums gedanklich auf freie und objektive Weise Stellung beziehen zu können.

Solange Christus dahingehend wirken musste, dass sich in uns gewisse Erkenntniskräfte entwickeln, können wir nicht verlangen, dass sie schon voll ausgereift da sind. Deshalb ist auch gegenüber dem traditionellen Christentum und seiner Art der Interpretation des Christus-Mysteriums Gelassenheit und Toleranz geboten: Wir sollten von vornherein erwarten, dass das Mysterium von Golgatha nicht gleich in seiner ganzen Tragweite verstanden werden konnte.

Dies erklärt uns auch die Tatsache, dass das Wirken der Gnade zunächst viel mehr im alttestamentarischen Sinne interpretiert wurde, fast ohne Berücksichtigung der hinzukommenden Freiheit des Menschen. So wurde die Gnade Christi in der Vergangenheit vielfach als Freiheitsersatz verstanden, nicht als Ermöglichung der Freiheit.

Jetzt ist die Menschheit an der Schwelle angelangt, wo immer mehr Menschen bewusst wird, dass die Menschheit nicht weiter fortschreiten kann, wenn nicht eine wissenschaftliche Erkenntnis des Übersinnlichen einen ganz neuen Zugang auch zum Christus-Ereignis und zum Christus-Wesen eröffnet.

Christus als Herr des Karmas

Das zweite Erscheinen des Christus wird in der Menschheit dadurch möglich, dass Christus in unserer Zeit zum *Herrn des Karmas* wird, das heißt zum Herrn aller menschlichen Schicksale.

Karma ist das unendlich komplizierte Ineinander-Verwobensein aller Menschen. Karma ist das Mysterium dessen, dass wir alle Glieder eines Ganzen sind. Es ist die Gesamtheit aller Kräfte, wodurch wir uns gegenseitig auf unterschiedlichste Weise beeinflussen.

Bis zum zwanzigsten Jahrhundert begegnete dem Verstorbenen, nach Rudolf Steiner, Moses mit den Gesetzestafeln. Die moralische Bilanz des hinter einem Menschen liegenden Lebens wurde erstellt im Sinne des Alten Testaments: Der Mensch wurde aufgrund eines auf Blutsbanden, auf Volkszugehörigkeit fundierten Gesetzes von außen geführt, und danach wurde er gerichtet. Das Gesetz hat von dir verlangt, so und so zu handeln. Hast du dich danach gerichtet?

Vom zwanzigsten Jahrhundert an begegnen die Verstorbenen nicht mehr Moses mit den Gesetzestafeln. Es genügt hinsichtlich der moralischen Erkenntnis von Gut und Böse nicht mehr, auf das von außen gegebene mosaische Gesetz zu blicken. Es genügt nicht mehr, sich zu fragen: Habe ich das von außen geoffenbarte und für alle gleich gültige Gesetz eingehalten? Die Frage, die jetzt eine grundlegende Bedeutung erlangt, ist die folgende: Bin ich frei gewesen oder bin ich nicht frei gewesen in meinem Handeln? Habe ich dasjenige vollbracht, was in der individuellen Aufgabe meines Ich lag?

Die Menschheit ist in einem *Übergang begriffen vom Karma des Rechts zum Karma der Liebe dank der Tatsache, dass Christus zum Herrn des Karmas wird.* Es endet in der Menschheit das Karma, welches bloß auf Recht und Gesetz gründet, wo jeder das rechte Maß halten musste. Es beginnt ein Karma der Liebe, wo das einzige Maß ein Nicht-Maß ist, weil die Liebe kein Maß kennt.

«Liebe deinen Nächsten wie dich selbst.» So wie die Liebe zu dir selbst unbegrenzt ist – und das ist gut so –, so grenze auch die Liebe nicht ein, die du deinem Nächsten entgegenbringst. Liebe deinen Nächsten: Er ist du. Er ist du selbst. Ihr seid alle Glieder eines Ganzen.

Die letzte Konsequenz dieses Gedankens ist, dass wir einer Zukunft entgegengehen, wo es unmöglich wird, dass ein Mensch glücklich sein kann, ohne dass alle glücklich sind. Es ist wie bei einem Organismus, in dem kein Organ gesund sein kann, wenn nicht der ganze Organismus gesund ist.

Der erste Teil der Evolution hat dazu gedient, den Leib der Menschheit immer mehr zu zergliedern und zu differenzieren. Dadurch hat jeder seine Individualität erlangt. Die anfänglich einheitliche Menschheit ist in lauter Einzelwesen atomisiert worden, von denen ein jedes mit seinem eigenen, persönlichen Egoismus ausgestattet ist. Auf diese Weise ist es jedem möglich geworden, «ich» zu sich zu sagen und sich als eine in sich abgeschlossene Einheit zu erleben.

Die zweite Hälfte der Evolution besteht in der Aufgabe, durch Übung der erlangten individuellen Freiheit die zersprengten Glieder wieder zur Einheit zu bringen. Der

Mensch sagt sich: Bis jetzt habe ich die anderen Menschen als Wesen außerhalb meiner selbst betrachtet, habe ich meinen Vorteil in ihrem Nachteil gesehen. Jetzt will ich den mystischen Leib Christi aufbauen, den Leib, in welchem wir alle Glieder eines Ganzen sind und in welchem ich nicht glücklich sein kann, ohne dass auch alle anderen glücklich sind. Auf diese Weise wird der wiederkehrende Christus zum Herrn des gemeinsamen Karmas aller Menschen.

Christus sagt: «Was ihr dem Kleinsten getan habt, habt ihr mir getan.» «Der Kleinste» in der Evolution ist nicht der physische Leib, der der älteste unserer Leiber ist, und es ist auch nicht der Leib der Lebenskräfte und ebenso nicht der Astralleib oder die Seele. Der Kleinste in jedem Menschen ist der Geist oder *das Ich*, dasjenige, was zuletzt dazugekommen ist. So heißt der Satz Christi: Was ihr aus Liebe getan haben werdet, indem ihr das Ich in jedem Menschen gepflegt habt, das werdet ihr dem großen Ich der ganzen Menschheit, dem Ich des Christus, getan haben. Was einem Glied des Leibes Christi getan wird, wird dem ganzen Leib, wird dem Christus selbst getan.

Von diesem unserem zwanzigsten Jahrhundert an bringen alle Menschen, die sich inkarnieren – und auch wir, die wir inkarniert sind –, in ihrem höheren Ich eine vollkommen neue karmische Absicht mit sich herunter. Unser höheres Ich und insbesondere das höhere Ich der Kinder, die sich gegen Ende des zwanzigsten Jahrhunderts inkarnieren, kommen dank des Wirkens des Herrn des Karmas mit dem moralischen Impuls auf die Erde, nicht nur alle Einseitigkeiten der eigenen Vergangenheit für sich selbst karmisch auszugleichen, sondern auch einen Beitrag zu leisten für die weitere Entwicklung aller Menschen.

Das menschenfreundliche Gesetz des Karmas besteht darin, dass uns immer wieder die Möglichkeit gegeben wird, die vergangenen Einseitigkeiten auszugleichen. Wir können Einseitigkeiten nicht vermeiden, wenn Evolution im Nacheinander der Zeit sein soll. Wir müssen uns die menschlichen Dimensionen nacheinander in der Zeit erwerben. Der karmische Ausgleich ist alles andere als eine Strafe. Jede karmische Situation bietet die Möglichkeit der weiteren Entwicklung im positiven Sinne. Und doch genügt diese auf die persönliche Vervollkommnung ausgerichtete Gestaltung des Karmas, die der von unserem höheren Ich im Vorgeburtlichen bestimmten Planung der Ereignisse des Lebens zugrunde liegt, nicht mehr. Heute kommt der Mensch mit der Frage auf die Erde: Welchen Ausgleich kann ich wählen, damit nicht nur ich einen Nutzen davon habe, sondern damit möglichst alle Menschen einen Nutzen davon haben?

Es bedarf einer höchsten moralischen Phantasie und Intuitionskraft, um die karmischen Wege und Schicksale aller Menschen miteinander zu harmonisieren. Denken wir nur, wie kompliziert es schon ist, das Karma auch nur von zwei Menschen aufeinander abzustimmen. Jeder Schritt, jedes Ereignis, jede Entscheidung muss so sein, dass die aufeinander wirkenden Impulse immer die richtigen sind, das heißt, diese beiden Menschen müssen ihren Weg so gehen, dass den Bedürfnissen eines jeden jeweils vom anderen bestmöglich entsprochen werden kann. Es ist eine Rechnung, die ins Unendliche geht, eine Rechnung, die so kompliziert ist, dass es für den normalen Menschen gar nicht vorstellbar ist.

Christus als Herr des Karmas stellt an alle Menschen die moralische Aufforderung, der Weg, den einer geht, möge für alle gut und förderlich sein; die weitere Entwicklung meines Nächsten möge mir ebenso wichtig sein wie meine eigene. Was mir nützt, nützt mir nur dadurch, dass es zugleich meinem Nächsten nützt. Der Inspirator dieser erweiterten und vertieften moralischen Phantasie der universellen Liebe ist Christus, das Wesen der Liebe, der Herr des Menschheitskarmas. Er inspiriert uns schon im Vorgeburtlichen, und er begleitet uns im Leben. Die Erfahrung seiner Wiedererscheinung im moralischen Bewusstsein des Menschen ist die Bewusstwerdung der verwandelnden Kraft der universellen Liebe im Herzen des Menschen.

In dem Maße, in dem der Mensch fähig wird, das Wohl seines Nächsten ebenso wie sein eigenes zu wollen, begegnet er dem Wesen der Liebe, dem Herrn des Karmas. Er fängt an, ihn auf sehr reale Weise mit seinen geistigen Augen zu sehen. Man kann dem Christus nur als dem Herrn der universellen Liebe, des universellen Ineinander-Verflochtenseins aller Menschen begegnen. Im Wesen der Liebe gibt es kein Sondersein und kein Sonderheil.

Die Voraussetzung für das imaginative, ätherische Wiedererkennen des Herrn des Karmas besteht darin, dass wir in Freiheit, kraft unseres Denkens, das moralische Gewicht der Liebe in unserem Wesen erlangen. Denn das Wesen der Liebe kann nur mit den Kräften der Liebe erkannt werden.

Finden wir im Neuen Testament Hinweise darauf, dass Christus zum Herrn des Karmas wird? Da heißt es: «Er wird kommen auf den Wolken des Himmels, um zu richten die Lebenden und die Toten.» Er kommt und sagt uns, welcher Mensch lebendig und welcher Mensch tot ist. Er lehrt uns: Wenn du dich aus dem geistigen Leib der Menschheit herausgliederst, wenn du dich im Gegensatz zu anderen Menschen erlebst, bist du tot, weil du heraus bist aus deinem eigenen Leib. – Hier wird auf den Herrn des Karmas hingewiesen, der richtet und uns sagt, auf welche Weise der Mensch stirbt oder lebt, je nachdem, ob er sich aus dem unendlichen Geflecht der Liebe, welches das menschheitliche Karma ist, herauslöst oder nicht.

Die Formulierung Rudolf Steiners «Christus, Herr des Karmas» entspricht ganz der Formulierung des Neuen Testaments: Christus, der auf den Wolken des Himmels wiederkehrt, um darüber zu entscheiden, auf welche Weise der Mensch lebendig und auf welche Weise er tot ist.

Das Karma des Menschheitsorganismus: Bedürfnisse und Talente

Was ist aber, konkreter gesehen, der Ausgleich, der *allen* von Nutzen ist? Wie kommt ein solcher Ausgleich zustande? Die Menschen werden in der Zukunft immer besser verstehen, dass der reine Begriff des Karmas aller Menschen in der *absoluten Entsprechung* besteht zwischen den *Talenten* jeder Individualität und den *Bedürfnissen* aller anderen Individualitäten, besonders derer, die ihr karmisch zunächst enger verbunden sind. Christus als Herr des Karmas wird erlebt in der reinen Entfaltung der eigenen Talente als reiner Dienst am Nächsten und seinen Bedürfnissen. Wenn die Menschheit in der Tat wie ein einheitlicher Organismus ist, so ist das Menschheitskarma wie das Lebensgesetz eines Organismus: die vollkommene Entsprechung zwischen der reinen Entfaltung der «Begabungen», der Funktionen aller Organe und der Befriedigung der «Bedürfnisse» aller Organe. So ist das Karma der Menschheit die *Gesundheit* des Menschheitsorganismus.

Wie kann ich aber wissen, welches meine wahren Begabungen sind? Wo ist das Kriterium, um meine Talente richtig einzuschätzen? Es sind die Bedürfnisse der Menschen, die karmisch mit mir verbunden sind! Aber das ist nur die eine Seite der Sache. Denn wenn das schon alles wäre, könnten wir leicht Opfer von vielerlei Nötigungen werden. Die Bedürfnisse, die die anderen geltend machen, sind unendlich, und ich kann unmöglich für sie alle direkt verantwortlich gemacht werden.

Deswegen muss das entgegengesetzte Kriterium noch dazu kommen, wo gefragt wird: Wie kann ich wissen, welche echte Bedürfnisse der anderen für ihre legitime Befriedigung direkt auf mich angewiesen sind? Ich kann sie nur in dem Maße erkennen, in dem ich meine Talente kenne. Was mich betrifft, so haben die Menschen, die um mich herum sind, nur auf die Befriedigung von solchen Bedürfnissen ein Recht, für welche ich die entsprechenden Talente habe. Die Bedürfnisse, für die ich die Talente nicht habe, sind nicht direkt ein Teil meines Karmas.

Damit habe ich etwas, über das man unendlich lange nachdenken könnte, lediglich angedeutet. Aber ich bin der Meinung, dass diese Art von Karmabegriff – die Entsprechung von Talenten und Bedürfnissen – überaus fruchtbar ist! Wie oft sind wir einseitig, weil wir nur unsere Talente in Erwägung ziehen und sie falsch deuten, weil uns das Kriterium fehlt, nach welchem wir sie richtig beurteilen können: die Bedürfnisse der anderen. Oder wie oft sind wir einseitig, weil wir nur die Bedürfnisse anderer sehen und uns verausgaben in der Bemühung, sie alle zu befriedigen und allen zu gefallen, weil uns das Kriterium fehlt, sie nach ihrer Wichtigkeit zu unterscheiden: unsere eigenen real vorhandenen Talente und Kräfte.

So haben wir es wieder mit einer Polarität zu tun, mit der Polarität der gegenseitigen Schicksalszugehörigkeit und -abhängigkeit. Auf der einen Seite haben wir das, was wir sind, und auf der anderen Seite haben wir das, was die anderen sind. Eben weil wir karmisch zusammengehören, muss eine immer vollkommenere Entsprechung von Talenten und Bedürfnissen angestrebt werden.

Was hat das Ich eines jeden von uns im Vorgeburtlichen tun müssen, wo entschieden wurde, welche Dimensionen seines Wesens dieses Mal zur Ausprägung gebracht werden sollen? Es hat die karmischen Verbindungen mit den Menschen veranlagen müssen, die die entsprechenden Bedürfnisse ihm entgegenbringen! Er wird also im Leben genau diese Menschen, einen nach dem anderen, suchen und finden. Seine Talente sind wie ein Magnet, der die Menschen mit den entsprechenden Bedürfnissen anzieht.

Und die Bedürfnisse der anderen sind ihrerseits der Magnet, der die ihnen entsprechenden Talente anzieht. Das Wirken des Karmas, das bis jetzt nur im Nachhinein erlebt wurde, will in der Zukunft immer besser auch im voraus erkannt und verstanden werden, sodass die Wechselwirkung zwischen Talenten und Bedürfnissen nicht im Unterbewussten nur, in den Trieben und Instinkten wirkt, sondern zunehmend ins Bewusstsein heraufgehoben und zum Erlebnis der Freiheit und der Liebe wird.

Dieser reine Karmabegriff ist zugleich der reine Begriff der Liebe. Die Vollkommenheit der Liebe liegt in der vollkommenen Entsprechung zwischen der schöpferischen Entfaltung aller Talente aller Menschen und der vollen Befriedigung aller realen Bedürfnisse aller Menschen. Die Gesamtheit der Talente des mystischen Leibes der Menschheit entspricht ganz allen Bedürfnissen der Menschen selbst. Was der eine als Talent hat, hat der andere als Bedürfnis.

Ein Dante schafft die *Göttliche Komödie* und lässt durch die Entfaltung seines Talentes in der Menschheit das Bedürfnis nach der *Göttlichen Komödie* entstehen. Uns wird bewusst, dass uns dieses Bedürfnis «gehört» und dass folglich auch dieses Talent Teil unserer selbst ist. Eine Mutter liebt ihr Kind: Sie hat das Talent, *auf ganz andere Weise* als jede andere Mutter, «Mutter» zu sein, weil die «Bedürfnisse» des Kindes, das sie zur Mutter gewählt hat, ganz andere sind in ihrem «Wie» als die Bedürfnisse aller anderen Kinder.

Erfahrungen des «ätherischen Christus»

Das Gesamtereignis der Wiedererscheinung Christi äußert sich in verschiedenen Erfahrungen des Menschen; drei von ihnen hebt Rudolf Steiner im Besonderen hervor:

a) die schon erwähnte Imagination des Christus in ätherischer Gestalt;

b) die Wahrnehmung des Lichtleibes des anderen Menschen;

c) die Imagination des karmischen Ausgleichs einer vollzogenen Tat.

Wir wollen jeder dieser Erfahrungen einige Gedanken widmen:

a) Auf die imaginative Schau des Christus in der ätherischen Welt ist bereits hingewiesen worden. Eine weitere Frage kann hier erörtert werden: Laut Rudolf Steiner soll es schon in den dreißiger und vierziger Jahren Menschen gegeben haben, die den Christus im Ätherischen erlebten. Wer waren diese Menschen? Hat es sie wirklich gegeben?

Es gibt zahlreiche Berichte von Erfahrungen, die durchaus als reale Begegnungen mit dem wiedererscheinenden Christus aufgefasst werden können. Rudolf Steiner hat aber auch darauf hingewiesen, dass dieses Phänomen möglicherweise von der Menschheit nicht bemerkt wird. Ein anderes ist, auch im Übersinnlichen, die Wahrnehmung – in diesem Fall die reale Imagination Christi in ätherischer Gestalt –, ein anderes, wie schon erwähnt, die denkerische Bewusstwerdung dessen, was man wahrnimmt.

Man kann sich fragen: Wie viele Menschen haben vielleicht im Krieg und in den Konzentrationslagern, angesichts des Todes, in den letzten Augenblicken ihres Lebens eine reale Begegnung mit dem Wesen der Liebe gehabt? Wie viele Menschen haben diese Schwelle des Todes überschritten, ohne jemandem das Erlebte mitteilen zu können? Bestimmt gibt es auch Menschen, die diese Erfahrung gemacht, sie aber für sich behalten haben, weil sie dachten, dass sie sich, wenn sie darüber sprechen würden, vielleicht dem Spott ihrer Mitmenschen aussetzten. Und wiederum viele gibt es sicherlich, die eine erste Begegnung mit dem Wesen der Liebe erlebt haben, ohne in ihrem bewussten Denken auch nur eine Ahnung zu haben, *wer* sie liebevoll berührt hat.

b) Das Wiedererscheinen Christi in der Menschheit macht möglich, dass um die Umrisse des physischen Leibes eines anderen Menschen herum ein Lichtleib sichtbar wird. Auch dieses Phänomen wird erst ab unserem Jahrhundert möglich. Menschen fangen an, den Ätherleib des anderen Menschen zu sehen – noch nicht den Astralleib, die eigentliche seelische Aura, die viel größer ist als der physische Leib, und noch nicht das geistige Ich. Es wird immer mehr Menschen geben, denen, wenn sie einen anderen Menschen betrachten, voll bewusst wird, dass dieser nicht einfach ein aus Materie bestehendes Wesen ist, sondern dass in diesem Haus aus Materie ein ewiges Lichtwesen wohnt.

Es gehört zur Begegnung mit dem wieder unter den Menschen erscheinenden Christus, dem Herrn des Karmas, dass wir anfangen, unseren Nächsten nicht nur in seiner sinnlichen Erscheinung zu erleben, sondern als lichtvolle geistige Individualität. Viele sagen zwar, dass jeder Mensch ein geistiges Wesen ist, aber wenn wir das sagen, ist es meistens Theorie, es ist nicht reale Erfahrung. Wenn uns aber der andere Mensch im imaginativen Schauen als von einem Lichtleib durchdrungen erscheint, dann wird die Begegnung mit seinem geistigen Wesen zur realen Erfahrung. Diese Erfahrung ist wie der Anfang der Wiedereingliederung der Menschen ineinander, die sie alle zusammen zum geistigen Leib des wiedererscheinenden Christus macht.

Jeder Mensch wird auf diese Weise als ein ewiges Wesen erlebt, das sich vorübergehend in einem Körper befindet. Die Begegnung wird zur Wiedererkennung zweier höheren Iche, die sich gegenseitig sagen: Du, Lichtwesen, und ich, wir sind uns vor unserer Geburt bereits begegnet, und wir werden uns auch nach unserem Tode wieder begegnen. Du bist ein ewiges geistiges Wesen, und ich bin auch ein Lichtwesen wie du. Wir sind in Wirklichkeit nicht gesondert voneinander. Wir weben und wesen ineinander, weil das Wesen der Liebe uns immer mehr zur Einheit führt.

c) Ein dritter wesentlicher Aspekt der übersinnlichen Begegnung mit dem auferstandenen Christus ist folgender: Immer mehr Menschen werden, nachdem sie eine Handlung ausgeführt haben, das Bedürfnis verspüren, sich einen Augenblick zurückzuziehen und über diese ihre Handlung nachzudenken – und während sie nachdenken, werden sie eine reale imaginative Erscheinung vor sich haben, bei der sie sich eine weitere Handlung vollziehen sehen, eine Handlung, die sie noch nie zuvor durchgeführt haben.

Sie werden sie in der Zukunft durchführen, denn es geht dabei um den notwendigen karmischen Ausgleich für die Handlung, die sie soeben durchgeführt haben. Die von der soeben vollzogenen Handlung erzeugten karmischen Kräfte ziehen die realen karmischen Ausgleichskräfte an, die in der Imagination sichtbar werden. Und ich sehe mich selbst diese Handlung vollziehen.

Damit erreicht der Mensch eine ganz neue Stufe in der Entwicklung des moralischen Bewusstseins, in der Entwicklung der Gewissenskräfte. Wir können uns vorstellen, welche sittlichen Impulse in der Menschheit entstehen werden, wenn der Mensch zu einem moralischen Künstler wird, der ein solches ethisches Bewusstsein in sich trägt, das nicht nur durch die vage Stimme des Gewissens spricht oder durch dumpfe subjektive Gewissensbisse sich meldet, sondern den objektiven schöpferischen Willen gewahr wird, genau alles das auszugleichen, was man in Einseitigkeit getan hat. Denn alles, was man tut, muss – wie schon erwähnt – einseitig sein. Aber es werden durch die Innewohnung des Menschheits-Ich, des Christus-Wesens, in jedem Menschen die moralischen Kräfte der Liebe geschmiedet, die diesen karmischen Ausgleich so intensiv wollen und ersehnen, dass er dem Menschen geistig-real «vor Augen geführt» wird.

Goethe erzählt in *Dichtung und Wahrheit* eine Episode seines Lebens. Er war mit Friederike Brion, der Tochter eines evangelischen Pfarrers, befreundet. Diese Freundschaft ist wie viele andere zu Ende gegangen. Er beschreibt, wie schwer ihm der Abschied fiel. Die innige Beziehung deutet darauf hin, dass die beiden durch etwas sehr Tiefes karmisch miteinander verbunden sind. Goethe sitzt bereits auf dem Pferd, um fortzureiten, und sie ergreift unter Tränen noch einmal seine Hand …

Er reitet davon, und nun beschreibt er, wie er sich selbst plötzlich in die entgegengesetzte Richtung, dem Hause Friederike Brions zu, reiten sieht – und er sieht auch ganz genau, wie er dabei gekleidet ist. Er sagt, diese Vision habe ihm Trost geschenkt und sei bald verschwunden. Acht Jahre später bringen es die Umstände mit sich, dass Goethe nochmals zu dieser Familie zurückkehrt. Auf einmal, unterwegs, auf dem Pferd, stellt er fest, dass er genau die Kleider trägt, die er vor acht Jahren an sich gesehen hatte.

Goethe, Vorläufer dieser Mysterien des Christus, des Herrn des Karmas! Was hatte es mit dieser Freundschaft auf sich? Sie war wie *jede* menschliche Beziehung ein offenes karmisches Konto! Das Karma war noch nicht an seinem Ende angelangt! Jedes Karma ist ein offenes Konto. Und Goethe, der ein so sensibler und aufmerksamer Mensch war, ist – gerade weil dieser Abschied so schwer gewesen war – in der Lage, die Liebe des Herrn des Karmas zu erleben, des Herrn des Karmas, der ihm das reale und objektive Bild der Gelegenheit schenkt, die ihm gegeben werden wird, um die Beziehung weiterzuführen.

Und warum? Was war in diesem karmischen Wunsch enthalten? Was wünschte Goethe in seinem Innersten? Es war in ihm der Wunsch, zurückzukehren und zu sagen: Wir verlassen einander zwar, aber wir verlassen einander nur äußerlich. In Wirklichkeit, geistig, gehören wir einander schon immer und für immer! Wir gehören einander, wir können einander niemals entfliehen. Dieses tiefe Gefühl einer unendlichen, realen geistigen Verflechtung aller Menschen untereinander erzeugt die Vision des karmischen Ausgleichs der unvollendeten Tat. Denn jede Tat ist unvollendet, solange Entwicklung währt.

Der «ewige Jude» und die Wiedererscheinung Christi

Ebenfalls in seiner Autobiographie *Dichtung und Wahrheit* beschreibt Goethe, wie er als junger Mensch von der Gestalt des «ewigen Juden», des Ahasverus, in Bann gezogen wurde. Die Sage stammt aus dem Mittelalter und gehört zu den am weitesten verbreiteten Sagen in Europa. Der christliche Grundbegriff des rastlos umherirrenden Juden (es könnte ebenso gut ein Christ, ein Muslim oder sonst jemand sein) will sagen, dass die Zugehörigkeit zu einem «auserwählten» Volk einen Übergang darstellen soll zum universell Menschlichen.

Auch die Mission des hebräischen Volkes lag darin, den besonderen Vorzug des auserwählten Volkes in die Universalität der Gesamtmenschheit münden zu lassen; die Vorbereitung auf den Messias, richtig verstanden, ist genau das. Alles, was etwas «Besonderes» ist, hat die Mission, das vorzubereiten, was universell ist. Der «ewige Jude» ist *jeder* Mensch, der auf ewig in der «Besonderheit» eines Volkes oder einer Rasse verharrt und die Dimension des universell Menschlichen noch nicht findet. Er bleibt ewig ein «Jude» oder ein «Christ» oder ein «Muslim» im ausschließlichen Sinne.

Hier möchte ich nochmals auf dasjenige hinweisen, was ich am Ende meines Buches *Christentum oder Christus?* erwähnt habe. Diese Sage faszinierte Goethe, weil er sich bewusst war, dass sich darin das Mysterium der menschlichen Entwicklung schlechthin ausdrückt: Alles Besondere ist dazu berufen, in die Harmonie der Gesamtmenschheit einzumünden, in die vollendete Wirklichkeit des Menschlichen, welche der mystische Leib des Christus ist, in dem wir Menschen alle Glieder eines Ganzen sind.

Der Begriff des «ewigen Juden» ist der Begriff des Menschen, der sich dagegen sträubt, den Vorteil einer Sonderstellung aufzugeben, der nicht in das universell Menschliche eintreten will, der nicht an der universellen Kommunion der Menschheit teilhaben will. Er begegnet dem Christus als der Inkarnation des Wesens, in welchem die Menschheit zu einem Ganzen wird, und lehnt ihn ab. Auf der einen Seite fühlt er sich auf unwiderstehliche Weise zu der Hand, die ihm gereicht wird, hingezogen, und auf der anderen Seite fühlt er in sich starke Kräfte der Ablehnung.

Ahasverus ist bei Goethe ein Schuhmacher, der in Jerusalem lebt. Drei Jahre lang hat er vergeblich versucht, Jesus von Nazareth dazu zu bewegen, Vernunft anzunehmen und aufzuhören, im Lande herumzuziehen und die Menschen aufzuwiegeln. Er solle, so rät er ihm, einen Beruf ausüben und endlich ein vernünftiger Bürger werden. Nun geht Judas an seinem Haus vorbei und teilt ihm mit, dass Jesus zum Tode verurteilt worden sei und dass er gleich mit dem Kreuz auf dem Rücken vorbeikommen werde, um zur Richtstätte zu gehen.

Da wird Ahasverus nur noch wütender und wettert: Ich hab's ihm doch immer gesagt! Und während Judas, der sich bald darauf das Leben nehmen wird, noch vor seinem Hause steht, kommt auch Jesus mit dem Kreuz vorbei und stürzt gerade hier zu Boden. Simon von Kyrene wird gezwungen, das Kreuz weiterzutragen – wunderbar sind die Bilder des universell Menschlichen, die Goethe vor dem Hause dieses ewigen Juden versammelt hat! –, und Veronika, die menschliche Seele, bedeckt das Gesicht des Heilands mit dem Tuche. Goethe beschreibt, wie herrlich und schön, wie aus Licht gewoben und verklärt das vorher leidende und verzerrte Antlitz in dem Augenblick auf dem Schweißtuch erscheint, da Veronika dasselbe in die Höhe hebt.

Der ewige Jude, der inzwischen all seine gegen Jesus vorgebrachten Vorwürfe wiederholt hat, betrachtet dieses himmlisches Leben ausstrahlende Antlitz und wird durch diese Erscheinung so stark geblendet, dass er sich abwenden muss. Dabei vernimmt er die Worte: «Du wandelst auf Erden, bis du mich in dieser Gestalt wieder erblickst», was soviel heißt wie: Du wirst solange herumirren, du wirst immer wieder auf die Erde zurückkehren und auf ihr wandeln, bis du dem verklärten Antlitz des auferstandenen Menschen begegnen wirst. Als Ahasverus einige Zeit, nachdem er diese Worte vernommen hat, wieder zu sich kommt, sieht er, dass die Straßen Jerusalems leer sind, da alle sich zum Richtplatz gedrängt haben. Da fühlt er sich von einer inneren Unruhe befallen, und er beginnt seine Wanderung.

Diese Worte Goethes fassen das Mysterium des wieder in der Menschheit erscheinenden Christus aufs Schönste zusammen:

«Du wandelst auf Erden, bis du mich in dieser Gestalt wieder erblickst.»

So seien hier zum Schluß Worte aus Rudolf Steiners Mysteriendrama «Die Prüfung der Seele» (8. Bild) angeführt, in denen Simon der Jude die Sehnsucht und das Ringen jedes Menschenherzens um die Schauung des Antlitzes des reinen Menschen und des reinen Menschlichen ausdrückt:

Ich bin zum Träumer wahrlich nicht geboren;
Doch wenn ich einsam Feld und Wald durchwandle,
Da tritt vor meine Seele oft ein Bild,
Das ich so wenig mit dem Willen meistre
Wie jene Dinge, welche Augen schauen.
Es stellt sich vor mich hin ein Menschenwesen,
Das seine Hand mir liebend reichen will.

In seinen Zügen drückt ein Schmerz sich aus,
Den ich in keinem Antlitz noch gesehn.
Die Größe und die Schönheit dieses Menschen
Ergreifen alle meine Seelenkräfte;
Ich möchte niedersinken und in Demut
Ergeben mich dem Boten andrer Welten. –
Da flammt im nächsten Augenblicke schon
Ein wilder Zorn in meinem Herzen auf.
Ich kann dem Trieb in mir nicht widerstehn,
Der meiner Seele Widerstand entfacht –,
Und von mir stoßen muss ich jene Hand,
Die sich so liebend mir entgegenhält.
Sobald Besonnenheit mir wiederkehrt,
Ist schon die Lichtgestalt von mir gewichen.

Zwischen Demut und Zorn bewegt sich die Freiheit jedes Menschen, wo er mit der Reinheit des «Menschenwesens» konfrontiert wird. Dieses rein Menschliche in sich pflegen, das rein Menschliche in anderen fördern heißt die Kräfte in sich wachrufen, durch die das Wesen der Liebe, das alle Menschen zu einer Einheit zusammenschließt, geistig real geschaut werden kann.

V.

Die Inkarnation Ahrimans
und die vorbereitenden Machinationen

Es ist schon angedeutet worden, dass wir in der Zeit nicht nur des Anfangs der Wiedererscheinung Christi im Geistigen leben, sondern auch der unmittelbaren Vorbereitung für die einmalige Inkarnation Ahrimans auf dem physischen Plan.

Der Christus-Impuls ist der Impuls des Gleichgewichts im Menschen zwischen Geist und Materie. Der Mensch erlebt seine wahre Menschlichkeit nur in der Liebe des Geistes zur Welt der Materie und in der Hinwendung und Neigung der Materie zum Geist.

Unsere Zeit ist eine Zeit des extrem einseitigen Materialismus. Nie vorher ist Ahriman so erfolgreich gewesen in der Menschheit. Dies ist auch der Tatsache zuzuschreiben, dass er dabei ist, die letzten Vorbereitungen zu treffen für seine einmalige irdische Verkörperung, die bevorsteht.

Ahriman der Arglistige

Die Tatsache, dass wir in einer Zeit leben, in der sich Ahriman anschickt, sich zu inkarnieren, veranlasst uns zu der Frage, welche «Machinationen» – wie Rudolf Steiner die

Anstalten nennt – Ahriman in Gang setzt, um seine Inkarnation möglichst gut vorzubereiten. Es handelt sich um Machenschaften, die schon lange im Gange sind und die an der Jahrtausendwende ihren Höhepunkt erreichen. Es ist sehr viel wichtiger, die allgemein-kulturellen Wirkungsweisen Ahrimans zu erkennen, als darüber zu spekulieren, wann genau und wo er sich inkarniert und wer genau der Ahriman-Träger sein wird. Es würde sich auf unser alltägliches Verhalten nicht besonders günstig auswirken, wenn wir das alles schon so genau wüssten.

Die Machinationen Ahrimans sind dagegen kulturelle Phänomene, die uns Tag für Tag ganz direkt betreffen. Deshalb heißt es die Augen offenhalten. Deshalb müssen wir genau unterscheiden zwischen der Art und Weise, wie sich der Mensch ahrimanisiert, und der Art und Weise, wie er sich durchchristet. Denn das ist die große Alternative, die sich am Ende des Jahrhunderts immer mehr zuspitzt.

Es kommt darauf an, zu wissen, wie Ahriman alles daransetzt, uns die Freiheit zu nehmen und uns wieder der Naturdeterminiertheit zu überantworten. Ahriman ist das Wesen der Schlauheit, der Verschlagenheit und der Täuschung par excellence. Seine höchste Kunst besteht darin, dasjenige, was für den Menschen böse ist, als gut darzustellen, so dass der Mensch es ihm auch glaubt, dass es gut ist.

In der menschlichen Freiheit entsteht eine neue Kausalität, und diese ist nur mit der Schöpfung aus dem Nichts vergleichbar. Es ist die reine, ursprüngliche Schöpferkraft des Menschen selbst; sie bricht herein und kommt im höchsten Sinne im Denken und sodann in einem vom Denken erleuchteten Wollen zum Ausdruck. Wenn diese Dimension der Freiheit versäumt wird, fällt der Mensch in das Tier-, Pflanzen- oder Mineralreich zurück.

Der ahrimanische Impuls besteht vor allem darin, den Menschen auf arglistige Weise dazu zu verführen, seine Freiheit in eben diesen untermenschlichen Reichen zu suchen.

Ein zentrales Beispiel für die Täuschungen, denen wir in diesem Zusammenhang ausgesetzt sind, ist die Tatsache, dass heute sehr viele Menschen *Spontaneität* mit Freiheit verwechseln. Da der Mensch heute aufgrund der darwinistischen Evolutionstheorie immer mehr als «höheres Tier» angesehen wird, ist bei vielen die vage Überzeugung entstanden, dass Freisein und Spontansein gleichbedeutend seien.

Man meint, um frei zu sein, müsse man sich nur seinen emotionellen Impulsen hingeben und diese so, wie sie sind, zum Ausdruck kommen lassen. Spontan sein heißt dann: sich gehen lassen. Es ist sehr wichtig, dass uns bewusst wird, wie sich hinter dieser Argumentationsweise ein großes, sehr reales Täuschungsmanöver Ahrimans verbirgt. Denn auf diese Weise wird der Mensch tatsächlich zum Tier gemacht, ohne dass er es merkt. Die Spontaneität, von der man spricht, ist oft eine Spontaneität der Triebe und der Instinkte und damit genau das, was die Freiheit systematisch untergräbt.

Auf der jetzigen Entwicklungsstufe der Menschheit erreicht laut Rudolf Steiner die leibliche Vitalität und Kraft um das siebenundzwanzigste Jahr ihren Höhepunkt. Da also in diesem Lebensalter die physische Leiblichkeit, was die Kraftentfaltung auf der Erde angeht, die besten Möglichkeiten bietet, können wir vermuten, dass Ahriman einen Leib beziehen wird, der etwa siebenundzwanzig Jahre alt ist. Ahriman wird eine Kultur verbreiten wollen, die der Reife eines etwa dreissigjährigen Menschen entspricht. Es ist das Alter, in dem der Mensch am meisten über physische Kraft verfügt und irdische Macht anstrebt. Es ist aber auch das Alter, in dem die Versuchung am stärksten ist, sich den starken physischen Kräften, eben den Instinkten und den Trieben, zu übergeben.

Es gibt laut Rudolf Steiner, wie erwähnt, eine polare Entsprechung zur einmaligen Inkarnation Ahrimans im Westen: Es ist die einmalige Inkarnation Luzifers im Osten am Anfang des 3. Jahrtausends vor Christus. So wie Ahriman in unserer Zeit den Impuls zum einseitigen Materialismus gibt, so hat Luzifer damals eine Kultur gegründet, die einseitig spiritualistisch war.

Luzifer hat damals im Osten eine Weisheitsströmung eingeleitet, in der die Dimension der Moralität fehlte. Darin liegt die Einseitigkeit Luzifers. Noch in der griechischen Kunst, beispielsweise bei der Lektüre von Homers *Odyssee* oder auch der *Ilias*, fragen wir uns: Wo bleibt denn, wenn wir das Verhalten dieser Götter betrachten, die moralische Dimension von Gut und Böse? Die gibt es in der Tat nicht. Die Strömung des Judentums war die erste vor dem Christus-Ereignis, welche die moralische Komponente von Gut und Böse in die Weisheitsströmung des Ostens einbrachte. Das Wissen um das Gesetz, das moralische Gewissen, welches zwischen Gut und Böse unterscheidet, ist der besondere Beitrag des Alten Testaments zur unmittelbaren Vorbereitung auf das Christus-Ereignis.

Luzifer hat der Menschheit eine göttliche *Weisheit* ohne Moralität geschenkt; Ahriman vereinigt in sich alle Impulse der irdischen *Macht*. Denken und Wollen – das ist die große Polarität der Entwicklung. Luzifer war der Inspirator des östlichen Denkens, welches die große Vergangenheit der Menschheit darstellt. Ahriman leitet die Strömung des Willens zur Macht ein, die hauptsächlich im Westen auf die Zukunft hin zum Ausdruck kommt.

Wie sich Luzifer am Anfang des dritten Jahrtausends im Osten inkarniert hat, so wird sich laut Rudolf Steiner Ahriman im Westen, in der englischsprachigen Welt, inkarnieren. Mit anderen Worten: Die englische Sprache ist ein wesentlicher Bestandteil dieser Art des Wirkens, dieses Machtimpulses auf der Erde.

Angesichts der Polarität Luzifer / Ahriman stellt sich die Frage, welchen Sinn die Inkarnation Ahrimans haben mag. Jeder evolutive Faktor muss, wenn wir ihn vom Gesichtspunkt der Freiheit her zu fassen versuchen, insofern eine positive Bedeutung haben, als er dem Menschen die Gelegenheit bieten muss, in der Freiheitsentwicklung weitere Schritte nach vorn zu machen. Wir müssen also verstehen, welche Art von Bewusstwerdung und von Befreiung der Mensch nur dann erfahren kann, wenn er mit der Inkarnation Ahrimans, sie wahrnehmend, konfrontiert wird.

Der gute Sinn von Ahrimans Inkarnation

Rudolf Steiners Antwort auf diese Frage lautet: Der positive Sinn der Inkarnation Ahrimans liegt darin begründet, dass durch sie jedem Menschen die Möglichkeit gegeben wird, sich bewusst zu werden, was man durch das rein Materielle, durch die Macht im rein Physischen, erreichen kann und was nicht. Wenn es wahr ist, dass Ahriman durch seine Inkarnation und seine Machinationen zu einer völligen Vernachlässigung des Geistes im Menschen führen will, so muss jedem Menschen «gezeigt» werden – auf dem Wege der objektiven Wahrnehmung und nicht nur aufgrund von Dogmen oder von theoretischen Spekulationen –, wozu der Materialismus führt und wozu er nicht führen kann.

Jeder wird anhand des Ahriman-Phänomens das verstehen, was zu verstehen er in der Lage ist. Und es ist notwendig, dass diese Erfahrung auf der Basis realer Wahrnehmung gemacht wird. Das ist das evolutive Angebot, das uns durch die Inkarnation Ahrimans gemacht wird. Wer nicht versteht, was der Mensch durch die Materialisierung des Lebens an Menschlichkeit verliert, der wird weiterhin durch Ahriman und durch seine Fixierung auf die Wunderdinge von Technik und Wissenschaft geblendet bleiben. Und wer nur die Macht dieser Welt und den rein irdischen Erfolg anstrebt, wird sagen, dass es niemals etwas Größeres und Nachahmenswerteres gegeben hat.

Jedem Menschen muss also die *Wahrnehmung* der Inkarnation Ahrimans zur Stellungnahme angeboten werden. Aber die Frage stellt sich: Was ist mit den Menschen, die nicht «Zeitgenosse» Ahrimans auf Erden sind und die nicht direkt seine «Person» und sein Wirken wahrnehmen können? Die Antwort auf diese Frage ergibt sich durch Besinnung auf die Art und Weise, wie wir auch sonst wahrnehmbaren Phänomenen gegenüber Stellung nehmen.

Keiner von uns verlangt, selber direkt alles wahrzunehmen, was wahrnehmbar ist. Ich kann zum Beispiel eine Beschreibung der Stadt New York lesen, in der jemand seine Wahrnehmungen schildert. Ich kann sie vergleichen mit den Beschreibungen, die andere von derselben Stadt geben. Entscheidend ist die Tatsache, dass das Beschriebene *sinnlich wahrnehmbar* ist.

So wird auch das Phänomen der Inkarnation Ahrimans von denen geschildert und überliefert werden, die es *sinnlich wahrgenommen* haben. Jeder, der die überlieferten Beschreibungen des Phänomens liest, kann sich Gedanken darüber machen und Stellung nehmen. Dasselbe gilt auch für alle anderen historischen Ereignisse. Das Zeitgenosse-Sein ist nicht maßgebend: Die Wahrnehmung muss nicht von jedem direkt gemacht werden. Sie kann objektiv überliefert werden.

Auf diese Weise wird *jeder* Mensch die Möglichkeit haben, den Worten und den Taten Ahrimans gegenüber Stellung zu nehmen. Diese individuelle denkerische Auseinandersetzung mit dem Phänomen ist unerlässlich für die Entwicklung eines jeden Menschen. Jeder Mensch muss wissen, was er von einem irdischen Leben hält, das in jeder Hinsicht «urphänomenal» unter dem Motto läuft: «Mein Reich ist von dieser Welt.» Denn das ist die Devise Ahrimans.

Das Mysterium des Bösen, des Abgleitens des Menschen in den Abgrund der Nicht-Freiheit der Mechanismen der Materie, wird in der Apokalypse durch das *Mysterium des Tieres* ausgedrückt. Der Apokalyptiker deutet an, dass es auf dem Wege der ahrimanischen Auflösung des Menschen, auf dem Wege seiner Atomisierung und Mechanisierung, zwei große Stufen in den Abgrund gibt, die er den ersten und den zweiten Tod nennt.

Die erste ahrimanische Phase der Entwicklung besteht darin, dass der Mensch systematisch, Tag für Tag und Leben für Leben, die Ausübung der Freiheit unterlässt, wobei ihm aber die Fähigkeit, das Vermögen der Freiheit noch immer erhalten bleibt. Ich habe schon erwähnt, dass das Gesamtergebnis des Wirkens der himmlischen Hierarchien, des Wirkens der Gnade, darin besteht, jedem Menschen die reale Fähigkeit, die geistige Anlage der Freiheit zu verleihen.

Die erste Stufe des Wirkens Ahrimans besteht also darin, dass der Mensch unterlassen kann, dieses Vermögen auszuüben und immer weiter zu verwirklichen. Aber die letzte Konsequenz der Dynamik des Versäumens lässt eine andere Schwelle der Entwicklung erscheinen – und zwar die tragischste, die man sich vorstellen kann. Es ist die Tatsache, dass ein Mensch im Laufe seiner aufeinanderfolgenden Leben die Möglichkeit hat, selbst die Veranlagung seiner Freiheit aufzulösen und zu zerstören, sodass er am Ende nicht mehr fähig ist, frei zu sein.

Wenn der Mensch nicht mehr fähig ist, frei zu sein, ist er auf die Stufe des Tieres herabgesunken. Denn der grundlegende Unterschied zwischen Tier und Mensch besteht darin, dass das Tier nicht über die Potentialität der Freiheit verfügt, während der Mensch *in seinem Wesen* Potentialität zur Freiheit ist.

Angesichts dieser Dynamik absoluten Ernstes und absoluter moralischer Verantwortung gegenüber der Freiheit kommen wir nochmals auf das Mysterium der Zahl 666, der Zahl des Tieres in der Apokalypse.

Die erste Offenbarung des ahrimanischen Impulses in der Menschheit im siebten Jahrhundert, zur Zeit der Entstehung des Islam, hatte hauptsächlich den Charakter des *Denkens,* einer philosophischen Weltanschauung. In der Menschheit kommt wieder der Geist des Alten Testaments auf, der Geist von Gerechtigkeit und Gesetz. In der Gottheit gibt es nur den Vater, ohne Sohn und ohne Heiligen Geist; alles wird von der Determiniertheit der Natur und von der unerbittlichen Allmacht Gottes her verstanden.

Die zweite große Manifestation des ahrimanischen Impulses im vierzehnten Jahrhundert (666 x 2 = 1332), als die Templer von Philipp dem Schönen vernichtet wurden, ergriff neben dem *Denken* auch das *Fühlen* der Menschen.

Das dritte Mal, das heißt um das Jahr 1998 herum (666 x

3 = 1998), wird sich das Ahrimanische, eben weil sich Ahriman gleichzeitig auf seine bevorstehende Inkarnation vorbereitet, im *Denken*, *Fühlen* und *Wollen* der Menschen in vollem Maße wirksam werden.

Die Machinationen Ahrimans

Wir wollen jetzt näher auf die wichtigsten «Machinationen» Ahrimans in unserer Zeit eingehen. Diese Machinationen sind wesentliche, allgegenwärtige Züge der heutigen «Zivilisation». Es ist von höchster Wichtigkeit, dass wir sie näher betrachten.

Das Wirken Ahrimans kann auf ein Dreifaches zurückgeführt werden: auf die Art und Weise, wie er im Geistesleben, im Rechtsleben und im Wirtschaftsleben eingreift.

Was das Erste angeht, so haben wir die mathematisch-mechanische Weltauffassung, die Interpretation des Universums als einer großen Maschine anhand einer Naturwissenschaft, die durch und durch materialistisch ist.

Das Zweite ist der Nationalismus, das allgegenwärtige Wiederaufflammen der nationalistischen Gesinnung, des Parteiwesens, alles dessen, was die Menschen in große und kleine Gruppen spaltet.

Und als Drittes: die Nützlichkeitsgesinnung und Gewinnsucht im wirtschaftlichen Bereich durch Zuspitzung der unerbittlichen Konkurrenz und des Kampfes ums Dasein.

Dieses Dreifache findet wiederum in einem Vierten sein gemeinsames Fundament. Es ist dasjenige, was Rudolf Steiner die «schlichte Auffassung der Evangelien» nennt. Es ist jene Art von Religion, die sich gegen jede wissenschaftliche Erkenntnis des Geistigen wehrt.

Schauen wir uns etwas näher das Erste an: die *mechanisch-mathematische Erfassung des Weltalls*.

Da kommen wir natürlich gleich zu Kopernikus. Die Menschen haben durch den Materialismus die Tatsache aus den Augen verloren, dass der Kosmos, in dem wir leben, von geistigen Wesen bevölkert ist. Der heutige Mensch betrachtet das Universum – sei es mit bloßem Auge oder mit dem Teleskop – so, als ob dieses ausschließlich aus physisch-materiellen Körpern bestünde, die irgendwie in kreisender Bewegung sich befinden.

Noch Thomas von Aquin oder Dante haben ausführlich über die «*Intelligenzen*» der Gestirne geschrieben. Darunter verstanden sie die geistigen Hierarchien, von denen die äußerlich wahrnehmbaren Erscheinungen nur die sichtbaren Leiber sind. Für sie war es noch selbstverständlich, dass das Universum von geistigen Wesen bevölkert ist und dass das, was wir physisch sehen, ihre Leiblichkeit ist.

Ähnlich auch wir, wenn wir einen Menschen vor uns sehen: Wir denken nicht, dass wir nur ein Stück Materie vor uns haben (sonst hätten wir einen Leichnam vor uns), sondern wissen – auch wenn wir uns das nicht immer voll bewusst machen –, dass der Leib die Wohnstätte eines geistigen Wesens ist, das Gedanken, Gefühle und Willensimpulse hat und sie zum Ausdruck bringt.

Was ist zum Beispiel die Sonne in Wirklichkeit? Sie ist eine kosmische Kolonie von geistigen Wesen. Was wir von ihr durch Spektralanalyse sehen, ist Leiblichkeit, auch wenn es sich hierbei nicht um wägbare Materie wie auf der Erde handelt. Die Sonne besteht laut Rudolf Steiner – auch physikalisch gesehen – aus «Antimaterie», welche, durch die Atmosphäre der Erde hindurch betrachtet, die

«Lichteffekte» erzeugt, die dann durch das Denken der Menschen in einer gewissen Art und Weise *interpretiert* werden. Auch wenn wir diese Lichteffekte als etwas Materielles auffassen, weil wir sie mit unseren Augen wahrnehmen, sollte es uns doch zugleich klar sein, dass es sich um die «Leiblichkeit» von geistigen Wesen handelt.

Im traditionellen Christentum, und auch in den anderen Religionen, hat man stets von diesen geistigen Wesen – von Engeln, Erzengeln und so weiter – gesprochen. Der heutige «religiöse» Mensch unterscheidet die geistigen Wesen meist nicht mehr; er ist höchstens nur ganz allgemein davon überzeugt, «dass es Gott gibt». Ahriman, der seine Inkarnation vorbereitet, freut sich am allermeisten, wenn die Menschen diese Überzeugung haben. Für Ahriman ist es wichtig, dass die Menschen die theoretische Überzeugung haben, dass es Geistiges gibt. Denn durch diese rein abstrakte Überzeugung werden sie erst recht nicht merken, dass sie so *leben*, als ob es den Geist nicht gäbe. Der abstrakte Spiritualismus täuscht am allerbesten über den praktischen Materialismus hinweg. Auf diesen kommt es Ahriman aber an, nicht auf Theorien, die mit dem Leben nichts zu tun haben.

Der Mensch fängt erst an, Ahriman zu durchschauen, wenn er den gewaltigen Unterschied gewahr wird, der besteht zwischen der theoretischen Beteuerung der «Existenz» Gottes und den Lebenskonsequenzen dieser Überzeugung. Denn was nützt es, die Existenz Gottes zu betonen, wenn man so lebt, als gäbe es ihn nicht?

Stellen wir uns erwachsene Kinder vor, die wissen, dass sie Eltern haben. Sie haben ein Bewusstsein der «Existenz» der Eltern. Aber sie hören niemals von ihnen, weil sie mit ganz anderen Dingen beschäftigt sind und kein Interesse an ihren Eltern haben … Der große Erfolg Ahrimans in der heutigen Menschheit ist nicht der theoretische, sondern der *praktische Materialismus,* wo der Mensch so lebt, als ob es geistige Wesen nicht gäbe.

Die Notwendigkeit einer *Geisteswissenschaft* für die heutige Menschheit besteht darin, dass der moderne Mensch nur dasjenige als real erlebt, wovon er eine sinnliche Wahrnehmung hat. Was er nur «glauben» muss, ist ihm keine reale Erfahrung mehr, bleibt abstrakte Theorie, die das tägliche Leben nicht ergreift.

Rudolf Steiner meint: Obwohl der heutige Mensch, was sein Tagesbewusstsein betrifft, so lebt, als ob es das Geistige nicht gäbe, muss er jede Nacht dieses materialistische Tagesbewusstsein unterbrechen. Und was geschieht während des Schlafes? Da verlässt der Menschengeist den Leib und lebt – obwohl ihm dies nicht zum Bewusstsein kommt – in realer Kommunion mit den geistigen Wesen unseres Kosmos. Da geschieht alles Mögliche mit ihm. Die Kommunikation mit geistigen Wesen ist da eine sehr intensive. Dann wacht der Mensch auf und lebt so, als ob es diese Wesen gar nicht gäbe …

Diese wichtige Tatsache erzeugt einen tiefen inneren Zwiespalt im heutigen Menschen, indem dieser am Tage so lebt, als gäbe es die himmlischen Hierarchien nicht, und in der Nacht in realer, wenn auch unbewußter, Wechselwirkung mit ihnen lebt und ihre Impulse in sein Ich und seine Seele aufnimmt. Dieser Zwiespalt ist die tiefere Ursache auch für viele Krankheiten, von denen man oft keine «spezifische» Ursache angeben kann. Wie oft begnügt sich heute der Mensch mit den «naheliegenden» Ursachen, die aber, den tieferliegenden Ursachen gegenüber, schon Folgen und Wirkungen sind. An diesen etwas ändern zu wollen und die «ersten» Ursachen unberührt zu lassen ist vergebliche Mühe.

Wirkliche Heilung kann nur einsetzen, wenn man an den ursprünglichen Ursachen arbeitet. Der praktische Materialismus ist, so gesehen, ein tiefster innerlicher Widerspruch des Menschen mit sich selbst. Tagsüber ignoriert er das Geistige; während der Nacht erlebt er es als das Allerwirklichste. Diese moderne Form der «Schizophrenie» nagt täglich, wenn auch unbewußt, an seiner Seele und schwächt auch die Leiblichkeit.

Die moderne Wissenschaftlichkeit als Entwicklungsfaktor

Wir können uns fragen: Ist die materialistische Erfassung des Weltalls denn nur schlimm? Als Antwort kann zunächst gesagt werden: Die moderne Rationalität ist auch eine notwendige Entwicklungsstufe. Indem der Mensch nur den toten Leib des Kosmos in Betracht zieht und erlebt, kann er auf eine viel freiere Weise als je zuvor mit ihm umgehen.

So haben wir heute auch in unserem gewöhnlichen Denken nur tote Spiegelbilder der Wirklichkeit. Wenn ich eine Blume betrachte, so ist die reale Blume außerhalb meiner selbst lebendig. Aber was habe ich von ihr in mir? Zunächst nur ihr totes Bild! Weil in meinem Bewußtsein nur ein Bild vorhanden ist, welches nicht voller Leben ist, lässt mich dieses Bild frei.

Die moderne Wissenschaft ist nicht entstanden, um dem Menschen eine objektive Kenntnis der Wirklichkeit zu vermitteln. Im Gegenteil! Wir kennen die Objektivität des Kosmos durch sie am allerwenigsten. Aber wir sind in dieser Wissenschaft im höchsten Maße frei. Hierin liegt ihr positiver Entwicklungssinn. Die materialistische Weltsicht ist in der Menschheit entstanden, um dem Menschen die Freiheit zu ermöglichen dadurch, dass der Welt das Lebendige, das Seelische und das Geistige weggenommen wurden. Es ist im Bewusstsein des Menschen nur das tote Element zurückgeblieben.

Man befindet sich also im Irrtum, wenn man meint, die Betrachtungsweise der modernen Wissenschaft lasse uns am besten und am tiefsten in die Realität der Welt eindringen. Das Gegenteil ist wahr. Die moderne Wissenschaftlichkeit bringt die Wirklichkeit dazu, aufzuhören, in ihrer wahren Substanzialität in unserem Bewußtsein zu wirken. So ist moderne Wissenschaft ein Abstandnehmen des Menschen gegenüber der Wirklichkeit. Abstand nehmen heißt, sich aus der Realität herausbegeben, sich ihr gegenüberstellen, um sie *von außen* – lediglich in ihrer Abbildlichkeit – beschreiben und beherrschen zu können, ohne sich von ihr anstecken zu lassen.

Kopf ohne Herz

Zu den wichtigsten Ränken Ahrimans im Zusammenhang mit dieser ersten «Machination» gehört also sein Bemühen, den Menschen daran zu hindern, seine Wissenschaft, all sein intellektuell-abstraktes Wissen mit dem Element des Lebens, mit dem Interesse des Herzens zu verbinden. Alles soll objektiv – das heißt nüchtern und trocken – vor sich gehen. Wir brauchen nur an das übliche akademische Studium zu denken. Da wird oft geradezu als wissenschaftliche Voraussetzung die Spaltung zwischen Kopf und Herz verlangt. Man lernt so viele Dinge nur, um die Prüfung zu bestehen und die «Scheine» zu bekommen, die nötig sind, um eine bestimmte Position im Leben zu erreichen oder viel zu verdienen. Aber der Mensch ist oft nicht mehr in der Lage, das Interesse seines Herzens mit dem, was er lernt, in Verbindung zu bringen.

Und gerade dieses will Ahriman am allermeisten erreichen. Er will, dass der Mensch unendlich viele Dinge «weiß», aber er will nicht, dass er dieselben Dinge auch *lieben* lernt. Wenn der Mensch die Dinge lieben lernt, ist Ahriman verloren. In seinem Sinne soll das Wissen nur zum Herrschen dienen. Wenn die Liebe mit ins Spiel kommt, wird der Mensch wieder von der Schöpferkraft seines Geistes ergriffen, und die fürchtet Ahriman, er hasst sie sogar. Er will ein kaltes, zum Kalkulieren und Kontrollieren geeignetes Wissen, bei dem das Herz keinen Platz haben darf.

Deshalb hat man dem Menschen nun schon seit langem gesagt: Schau mal, wenn du nicht in der Lage bist, objektiv zu sein, wenn du die Dinge nicht nüchtern betrachten kannst, bist du zu wahrhaft wissenschaftlicher Forschung und Erkenntnis nicht fähig. Lass' das Herz aus dem Spiel! So haben wir eine Kultur der Herzlosigkeit, die Ahriman zum schadenfrohen Hohnlachen bringt.

Rudolf Steiner spricht in diesem Zusammenhang von den großen und kleinen «Konservenbüchsen» in der Menschheit. Die großen Konservenbüchsen sind die Bibliotheken. Da ist eine riesige Quantität an Wissen angehäuft, welches eigentlich die Menschen herzlich wenig interessiert. Scharen ahrimanischer «Elementarwesen» kommen an diese Bücher heran und verbinden sich mit diesem Wissen, das nicht mit dem Herzen der Menschen in Verbindung steht. Sie pflegen dadurch in der Menschheit das Element der «Kälte» des Herzens als notwendige

Folge des «kühlen» Kopfes. Die kleinen Konservenbüchsen sind dann die Akten auf dem Regal oder in der Aktentasche, die auch den Menschen sehr oft herzlich wenig interessieren.

Ein weiterer Aspekt der mathematisch-mechanischen Weltauffassung ist die Art und Weise, wie die heutige Naturwissenschaft alles unter dem Gesichtspunkt von Ursache und Wirkung betrachtet. Für jedes Phänomen, welches im Wahrnehmbaren erscheint, sucht man eine Ursache, die auch wieder etwas sinnlich Wahrnehmbares sein muss. Alle Ursachen und alle Wirkungen sucht man ausschließlich in der Welt der sichtbaren Erscheinungen. Ich habe dies schon angedeutet in der Besprechung des Aristotelismus.

Welches ist nun das Urphänomen der Verkettung von Ursache und Wirkung im sinnlich-wahrnehmbaren Bereich? Es ist der mechanische «Anstoß». Nur durch Anstoßen, durch materielle Berührung kann etwas zur Ursache werden – so wie eine Billardkugel die andere durch Anstoß in Bewegung setzt. Dies bedeutet zugleich, dass die Ursache nicht nur etwas Materielles sein muss, sondern dass sie «angrenzend», das heißt unmittelbar davor ihre Wirksamkeit entfalten muss. Was unmittelbar «vorher» geschieht, wird als die Ursache dessen gesehen, was unmittelbar «nachher» geschieht.

Diese *materialistische* Auffassung der Beziehung zwischen Ursache und Wirkung muss den Menschen dazu bringen, die Wirklichkeit seines Geistes zu verleugnen. Wir haben es schon erwähnt: Wo ein geistiges Wesen am Werk ist – und das Menschen-Ich ist ein geistiges Wesen –, können die Ursachen, zum Beispiel die Planung von etwas, um Jahrtausende früher liegen als die Wirkung, das gewollte Ziel. Alle Zwischenursachen auf dem Weg zum Ziel sind keine Ursachen im eigentlichen Sinne, sondern Mittel, derer sich der Mensch bedient, also wiederum Wirkungen eines ursprünglichen geistigen Wirkens.

Der Nationalismus ist überall im Kommen

Die zweite große Machination Ahrimans ist im *Nationalismus* zu sehen. Mit diesem Phänomen ist alles gemeint, was Menschen voneinander trennt und gegeneinander richtet: alles Parteiwesen, alle Sektenbildung, alles, was durch fanatische oder dogmatische Gesinnung die Menschheit in größere oder kleinere gegeneinander kämpfende Gruppen zersplittert. Zum alten Phänomen, wo der Einzelne im Gruppenseelenhaften aufging, kommt zunehmend hinzu das Kämpferische des *Gegeneinanders* aller möglichen Gruppierungen.

Dieser Prozess der immer weiteren Zersplitterung der Menschheit läuft der Aufgabe des Guten in unserer Zeit entgegen. Wir leben schon lange in einer Zeit, in der die Menschheit wieder zusammenwachsen soll, in der unsere menschliche Aufgabe darin besteht, alle Glieder der Menschheit wieder zu einer organischen Einheit zusammenzufügen.

Wenn wir die Ereignisse in der heutigen Welt betrachten, bleibt uns kein Zweifel, dass der Nationalismus wieder stark im Ansteigen begriffen ist. Wir sehen gerade in diesem Bereich, wie emsig, geradezu «rasend» Ahriman arbeitet. Alles lässt darauf schließen, dass sich die Gesinnung des gegenseitigen Bekämpfens, des gegenseitigen Hasses in der nächsten Zeit noch verstärken wird. Immer mehr Menschen wollen sich den instinktiven Kräften überlassen und in ihnen aufgehen, die im Blut drängen und die vom Boden, vom Klima, von der Nahrung, von der Sprache herkommen. Das sind alles Faktoren der Natur, Faktoren der Nicht-Freiheit. Der Mensch, der sich mit «Blut und Boden» identifiziert, bekämpft als Feind das fremde Blut und den fremden Boden.

Am Anfang dieses Jahrhunderts ist ein durch und durch ahrimanisches Dogma entstanden, das mit der Gewalt jedes Dogmas wirkte und weiterhin wirkt. Es ist gegen Ende des Ersten Weltkrieges von dem amerikanischen Präsidenten Woodrow Wilson in die Welt gesetzt worden und hat zum Inhalt die bis heute mächtig-suggestiv wirkende Parole der *Selbstbestimmung der Völker*. Jedes Volk hat das Recht, so heißt es, auf Selbstbestimmung – was könnte berechtigter und gerechter erscheinen als dieses?

Es gehört zu den wichtigsten moralischen Aufgaben des heutigen Menschen, gründlich zu durchschauen, in welchem Sinne die Parole der Selbstbestimmung der Völker einen zutiefst unmenschlichen Impuls darstellt. Diese Aufgabe ist wirklich keine leichte. Um sie erkenntnismäßig zu lösen, darf der Mensch sich nicht von Emotionen hinreißen lassen.

Ich möchte einen Abschnitt aus dem Vortrag von Rudolf Steiner anführen, den er am 3. Juli 1917 in Berlin gehalten hat, also fast drei Jahre nach Beginn des Ersten Weltkrieges.* Er hat diese Worte zu einer Zeit gesprochen, da Europa mit einer ungeheuren Katastrophe konfrontiert war. Die Menschen damals haben nach drei Jahren fortdauernden Krieges zweifellos gedacht, dass es noch nie eine so furchtbare Katastrophe gegeben hat und dass es keine

---

* In: Menschliche und menschheitliche Entwicklungswahrheiten. Das Karma des Materialismus. GA 176, Dornach ²1982.

zweite Katastrophe solchen Ausmaßes mehr werde geben können. In diesem Zusammenhang äußert sich Rudolf Steiner folgendermaßen:

«Denn, nicht wahr, vieles, vieles was die Menschen in Jahrhunderten erlebt und durchlebt haben, hat in den letzten drei Jahren Schiffbruch gelitten. Und wir leiden alle schwer, gerade wenn wir recht dabei sind bei dem, was in den letzten drei Jahren durchlebt werden musste. Aber was hat denn eigentlich am meisten Schiffbruch gelitten? Was am meisten Schiffbruch gelitten hat: die Frage darf man doch auch aufwerfen. Das Christentum hat am meisten Schiffbruch gelitten!»

Hätte doch eine der christlichen Kirchen den Mut aufgebracht und die Weisheit gehabt, solche Worte damals auszusprechen! Rudolf Steiner muss seine Stimme erheben, um die Menschheit wachzurütteln und sie darauf aufmerksam zu machen, dass mit dem Nationalismus, mit der Forderung nach dem Recht auf Selbstbestimmung eines jeden Volkes, das Christentum zerstört wurde. Er sagt nicht etwa das Deutschtum – Deutschland lag damals schon am Boden zerstört –, sondern das *Christentum!*

Er fährt fort: «So sonderbar wie es vielleicht manchem klingt: das Christentum hat am meisten Schiffbruch gelitten. Wo sie hinsehen, sehen Sie, wie das Christentum im Grunde genommen heute, man darf sagen, verleugnet wird. Manches ist direkt eine Verspottung des Christentums, wenn man auch nicht mutig genug ist, sich das zu gestehen. Ist es denn eine christliche Idee, von der sich heute zahlreiche Menschen, die weitaus größte Majorität der Erdenmenschheit, das Wertvollste verspricht, wenn man sagt: Jedes Volk soll sich selbst verwalten? Ich will gar nichts über die Berechtigung oder Unberechtigung sagen, sondern nur über die Christlichkeit oder Unchristlichkeit.

Ist es denn eine christliche Idee? Nein, es ist ganz und gar keine christliche Idee. Denn eine christliche Idee ist es, dass sich die Völker verständigen durch die Menschen. Gerade was über die angebliche Freiheit der einzelnen Völker – die ohnedies nicht zu verwirklichen ist – gesagt wird, ist das Unchristlichste, was man sich heute vorstellen kann. Denn das Christentum bedeutet das Verständnis für alle Menschen über die ganze Erde hin. Es bedeutet sogar das Verständnis aller Menschen über die Gebiete, die nicht auf der Erde wären, wenn sie zu finden wären. Und nicht einmal dazu ist es seit dem Mysterium von Golgatha gekommen, dass nur im alleroberflächlichsten Sinne die Menschen, die sich Christen nennen, über die Erde hin sich verständigen!»

In dem durch drei Kriegsjahre zermürbten Berlin sorgt sich Steiner um das Schicksal des Christentums und der Christlichkeit in der Menschheit, die bedroht ist von den ahrimanischen vierzehn Punkten Woodrow Wilsons!

Was hat das zu bedeuten? Auf dem christlichen Weg der Freiheit und der Liebe ist die Selbstbestimmung Aufgabe des einzelnen Menschen und nicht irgendeines Volkes! Freiheit und «Selbstbestimmung» können niemals von einer Gruppe ausgeübt werden, weil eine Gruppe von Menschen *als solche* weder Gedanken noch Gefühle noch Willensimpulse haben kann. All dies kann nur im einzelnen Menschen real erlebt und betätigt werden. Nur im einzelnen Individuum können real erlebt werden Liebe oder Hass, Interesse und Verständnis oder auch Ablehnung des anderen Menschen, der zu einem anderen Volk oder zu einer anderen Gruppe gehört. Nur einzelne Individuen können Interesse für diejenigen und Liebe zu denjenigen in sich hegen, die andere leibliche und seelische Wurzeln haben.

Worin liegt die Einzigartigkeit eines Volkes? Im Karma dieses Volkes, in seiner spezifischen Mission für die ganze Menschheit. Der Träger dieser Mission ist nicht der einzelne Mensch, sondern der *Volksgeist,* der geistige Gemeinschaft pflegt mit allen anderen Volksgeistern. Die Aufgabe seines Volkes ist die umfassende moralische Intuition, die seiner moralischen Phantasie entspringt. Er inspiriert aber nicht das Volk als Ganzes – denn dieses Einheitliche gibt es auf menschlicher Ebene nicht –, sondern direkt jedes einzelne Mitglied des Volkes. Jedes Menschenindividuum ist dazu berufen, direkten Umgang mit ihm zu pflegen.

Die suggestiv wirkende Parole der «Selbstbestimmung der Völker» bei gleichzeitiger Ignorierung des Volksgeistes will also zweierlei erreichen, was jede Menschlichkeit untergräbt. Zum ersten soll dadurch das einzelne Individuum sich möglichst auslöschen, um im Unpersönlichen und Gruppenhaften des Volkes aufzugehen, wo nur halbbewusste Emotionen und Triebe die führende Rolle spielen. Zum zweiten wird durch diese Parole der rücksichtslose Egoismus bedenkenlos verherrlicht. Denn was bedeutet die Rückführung der Beziehungen zwischen Menschen auf die Gesinnung des Rechtes auf Selbstbestimmung anderes, als dass jeder dazu aufgerufen wird, so weit wie er nur kann seinen Egoismus durchzusetzen? Wie würde es in einer Freundschaft, in einer Ehe oder in einer Familie sehr bald aussehen, wenn die oberste und einzige Maxime für alle Beteiligten das «Recht auf Selbstbestimmung» wäre?

Das Erleben des eigenen Volkes

Jeder Mensch kann seine Zugehörigkeit zu seinem Volk auf zwei einander diametral entgegengesetzte Weisen erleben. Er kann sie als eine Sache des Blutes oder als eine Sache des Karmas erleben. Wenn er aus dem Blut, aus der Emotion heraus ein Amerikaner oder ein Holländer ist, so ist das Blut mit seinen ihm innewohnenden Trieben das ihn Treibende und Bestimmende.

Aus dem Karma heraus Amerikaner oder Holländer sein bedeutet dagegen, dass der betreffende Mensch in der freien Stellungnahme diesem Karma gegenüber dessen positiven Sinn erfasst und erfüllt. Er fragt sich: Welche Aufgabe erwächst mir für die ganze Menschheit dadurch, dass es in meinem Karma – in der Mission meines Volksgeistes und im freien Willen meines höheren Ich – liegt, Amerikaner oder Holländer zu sein?

Jedem guten Volksgeist oder Volksgenius entspricht als notwendige Gegenkraft ein «Volksdämon», der alle guten Inspirationen des Volksgeistes ins Gegenteil verkehrt. So ist die Parole des *Rechtes* auf Selbstbestimmung eines jeden Volkes die Umkehrung der Inspiration des Volksgeistes, die jeden Menschen auf die moralische *Pflicht* hinweist, sich zum Hüter des besonderen Guten eines jeden Volkes zu machen.

Die Zugehörigkeit zum eigenen Volk ist ein zweischneidiges Schwert: Es kann sowohl zum Guten wie auch zum Verderben des Menschen schneiden.

Wenn der Mensch rein aus der Emotion heraus, als unfreien Trieb, seine Volkszugehörigkeit erlebt, dann wirkt das Blut in ihm mit Naturnotwendigkeit als Zwang. Er wird nicht erkenntnismäßig versuchen, das Gute seiner Volkszugehörigkeit für sich *und für den an-*

deren zu erfassen. Die Emotion wird den eigenen «Rechten» und Bedürfnissen viel mehr Gewicht verleihen als denen der anderen. Denn die eigenen werden existenziell erlebt mit der Kraft des Blutes, die des anderen sind nur abstrakte Theorie.

Ein solcher Mensch wird unweigerlich dem eigenen Volk mehr Rechte zuschreiben als anderen. Die eigenen Bedürfnisse werden auf diese Weise verabsolutiert – seien sie wirtschaftlicher, religiöser oder kultureller Natur. Es entsteht überall Zündstoff, Zusammenstöße werden unausweichlich, jeder Krieg ist möglich.

Betrachtet man die ganze Menschheit als einen einzigen Organismus, dann bekäme die Parole des «Selbstbestimmungsrechts der Völker» folgenden Sinn: Ein gesunder Organismus entsteht durch Selbstbestimmungsrecht der einzelnen Glieder dieses Organismus; die Beziehung zwischen Lunge, Herz und Niere soll sich gestalten nach dem Recht eines jeden Gliedes auf «Selbstbestimmung»! Wir sehen den Widersinn einer solchen Auffassung.

Charles Darwin hat, wie erwähnt, als «Gesetz» der Entwicklung den «Kampf ums Dasein» gesehen. Dies ist aber Sache der Interpretation, der inneren Gesinnung des Menschen selbst. Vieles in der heutigen Menschheit sieht daher sehr nach «Kampf ums Dasein» aus. Dies muss aber nicht so sein. Jeder Mensch kann genauso die entgegengesetzte Gesinnung in sich pflegen – die der gegenseitigen Hilfe. Fest steht aber, dass kein Organismus je entstehen könnte, wenn sich tatsächlich alle Glieder nach dem Prinzip des Kampfes ums Dasein zueinander verhielten und nur das «Recht auf Selbstbestimmung» geltend machten.

Wenn der Mensch seine Volkszugehörigkeit als Bestandteil seines Karma ansieht, fragt er sich: Welche Mission hatte ich im Vorgeburtlichen im Auge, als ich entschied, in dieses Volk hineingeboren zu werden? Worin besteht der einmalige und positive Beitrag, den einzig und allein dieses Volk in den Gesamtorganismus der Menschheit einbringen kann?

Er sagt sich: Der Mensch, der einem anderen Volk angehört, kommt auf mich zu mit dem Wunsch, das Besondere, das ihm fehlt, bei mir zu finden und von mir zu empfangen. Meine Aufgabe besteht darin, ihm diese Eigenschaft zu vermitteln, ihm zu zeigen, dass auch dasjenige, was bei mir besonders ausgeprägt ist, zur Ganzheit des Menschlichen dazugehört. – Und Entsprechendes will ich in meinem Umgang mit ihm erleben.

Auf diese Weise kann jede nationale Eigenschaft geschätzt werden in der Menschheit. Wir kommen immer wieder zu dem zentralen Gedanken zurück, der darin besteht, dass wir alle Glieder eines Ganzen werden wollen. Dann aber sind die Gaben eines jeden Einzelnen Gaben für alle.

Das Nützlichkeitsprinzip im Wirtschaftsleben

Eine dritte Art und Weise, auf die Ahriman den Menschen die Freiheit zu nehmen versucht, liegt in seiner Bemühung, auf die Spitze zu treiben in der Menschheit das *Nützlichkeitsprinzip* im Wirtschaftsleben.

Die große Wahl der Freiheit in diesem Bereich besteht in der Alternative zwischen Sein und Haben, zwischen Sein-Wollen und Haben-Wollen. Es ist ein großer Unterschied, wie schon erwähnt, in der Art, wie materielle Güter wirken und wie geistige Güter wirken. Materielle Güter sind exklusiv, geistige Güter sind inklusiv. Die materiellen Güter sind eben deshalb exklusiv, weil sie materiell sind. Was mir gehört, kann nicht gleichzeitig auch dir gehören; dasjenige, mit dem ich mich bereichere, nehme ich gleichzeitig dir weg. Die Spaghetti, die ich jetzt esse, kannst du nicht gleichzeitig essen.

So wie das Grundgesetz des Materiellen die Ausschließlichkeit ist, so ist das Grundgesetz des Geistigen die Einschließlichkeit: Was ich verstehe, kannst auch du verstehen, können alle verstehen. Die Freude des einen kann von vielen geteilt werden – und kann dabei noch intensiver werden! Ein Ideal kann vielen gemeinsam sein. Indem sich der Mensch bemüht, das Geistige immer höher zu schätzen, findet eine immer tiefere, eine immer weiterreichende Kommunikation und Kommunion zwischen den einzelnen Menschen statt.

Durch Fixierung auf materiellen Besitz isolieren sich die Menschen immer mehr, weil sie einander als Gegner, als Konkurrenten erleben müssen. Da haben wir das Ahrimanische im Wirtschaftsleben, wie wir es heute überall kennen.

Vielleicht nirgendwo sonst zeigt sich der ahrimanische Materialismus im Umgang mit den irdischen Gütern so deutlich wie in der *Jagd nach Glück*, die heute viele Menschen von sich besessen macht. Viele leben so, als bestehe der Sinn des Lebens darin, so viel wie möglich sinnlich-materiell zu genießen. Dass der Mensch einer geistigen Welt angehört, kommt vielen nicht in den Sinn. Sie erleben sich als rein irdisches Wesen, und ihre Vorstellungen von Glück sind rein irdisch. Wie mächtig schlägt Ahriman die Menschen in seinen Bann durch diese furchtbare Illusion, dass der Mensch glücklich sein könne durch rein irdischen Besitz und rein irdischen Genuss!

Der Mensch, der sich als Ziel des Lebens vornimmt, glücklich zu sein, wird es niemals sein können, denn er lebt nur für sich selbst. Die Jagd nach Glück ist eine Form des extremen, wenn auch maskierten Egoismus. Aber kein

Mensch kann durch Egoismus glücklich sein. Der Egoismus isoliert ihn immer mehr, und die Isolation macht höchst unglücklich. Der Mensch ist geschaffen worden für die Liebe. Wenn er die Liebe anstrebt, wird ihm das höchste Glück als Beigabe geschenkt.

Wenn wir dieses ahrimanische Wirken richtig verstehen, verfallen wir nicht der Versuchung des Moralismus. Wir sagen nicht zu dem Menschen: Wenn du dem Vergnügen nachjagst, begehst du eine Sünde! Denn es ist nur insoweit Sünde, als dabei das Beste und das Schönste versäumt wird und der Mensch bei der Jagd nach dem materiellen Glück seine Freiheit verfehlt. Die Fixierung auf materiellen Besitz und Genuss ist eine «Sünde» in dem Sinne, dass der Mensch sich mit den ärmsten Brosamen des Lebens begnügt, wenn er nur das Irdisch-Materielle pflegt. Er täte es nicht, wenn er wüsste, *wieviel mehr* das Leben anzubieten hat. Es ist Ahrimans tiefstes Anliegen, alles daran zu setzen, dass der Mensch nicht merkt, dass es außer den armseligen Brosamen eines materialistisch ausgerichteten Lebens auch noch richtige, substanzielle Nahrung gibt!

Das heißt nicht, dass die Menschen sich nicht mehr «vergnügen» dürfen beziehungsweise dass sie sich nur noch dem «Ernst des Lebens» zuwenden sollen. Wer das sagt, der moralisiert erst recht. Das Gute ist nur gut, wenn es Freude macht. Da sagt sich der Mensch: Sieh' doch, es gibt etwas, was unendlich viel schöner ist, als nur für das Materielle zu leben. Wenn ein Junge gerade sein erstes Fahrrad bekommen hat, wie wollen wir ihn davon überzeugen, dass es gut sei, sich von seinem Fahrrad zu trennen, um wieder nur zu Fuß zu gehen? Er wird sich aber vom Fahrrad von selbst trennen, wenn wir ihm ein Moped geben!

Die Sache hat also eine ganz andere Seite. Wer die Entwicklung des Guten durch Wissenschaft, Kunst und

Religion in vollen Zügen «genießt», kann erst recht die materielle Grundlage schätzen. Denn er weiß, wozu sie kostbar und unverzichtbar ist. Der Materialist ist nicht ein Mensch, der den Geist verachtet – den kennt er gar nicht –, sondern der die Materie verachtet, denn er weiß nicht, wozu sie gut und kostbar ist. Nur der Mensch, der die Materie als Ort der Offenbarung und der Betätigung des Geistes und als Instrument für die weitere Entwicklung des Geistes erlebt, kann sie wahrhaft lieben und schätzen.

Jeder Mensch will immer das Beste, und darin zeigt er, wie gesund er ist. Das Problem ist nur, dass die Menschheit heute nicht weiß, was das Beste ist. Sie weiß es wirklich nicht! Das ist die größte und schlimmste Falle, die Ahriman uns stellt. Es ist Ahriman in hohem Maße gelungen, in den Menschen eine solche Verdunkelung des Geistes zu erzeugen, dass sie nicht mehr wissen, wo und wie das Beste und Schönste im Leben zu finden ist.

Gleichzeitig, als Reaktion, schlagen sich manche mit Moralvorschriften herum, die auf Schritt und Tritt sagen: Das ist Sünde. Dies provoziert erst recht die naheliegende Antwort: Anstatt gar nichts im Leben zu genießen, ist es doch besser, wenigstens die «Sünden» zu genießen! Sonst ist doch wirklich alles absurd! Es ist eine gesunde Antwort, die der Mensch da gibt: Wenn es nichts anderes zu genießen gibt, dann will ich doch wenigstens dasjenige genießen, was du «Sünde» nennst ...

Jemand, der denkt, der Sinn des Lebens liege darin, sich zu kasteien, ist ein kranker Mensch. Der Sinn des Lebens ist doch immer die Fülle. Es geht nur darum, herauszufinden, worin die echte Fülle des menschlichen Lebens besteht. Der Mensch ist durch den Materialismus «entleert» worden und kennt die «Fülle» nicht mehr.

In Rudolf Steiners *Philosophie der Freiheit* heißt es, dass es Menschen gibt, die sich angesichts geistiger Errungenschaften wie im siebten Himmel fühlen. Sie «schwelgen» darin, sagt er wörtlich. Dahin will jeder Mensch kommen, um das wahre Glück des Lebens zu erleben.

Der Mensch als Versöhnung von Materie und Geist

Alles Materielle ist ein Instrument für das wahre Sein des Menschen, ist notwendige Bedingung seines Erdenlebens. Die Geisteswissenschaft sagt nicht, man solle das Geld verachten, ebenso wenig alles andere, was dem Menschen als materielles Instrument zur Verfügung steht. Aber es macht einen Unterschied, ob man lebt, um zu essen, oder ob man isst, um zu leben – um es einmal ganz banal auszudrücken. Es ist ein anderes, ob man lebt, um Geld zu verdienen, oder ob man Geld verdient, um zu leben. Beide Einstellungen sind möglich.

Wenn ich weiß, was «essen, um zu leben» heißt, habe ich einen Begriff vom Leben, der über das Essen hinausgeht: Ich esse, aber dann *lebe* ich. Wenn ich hingegen die Realität des Lebens, die Realität der Fülle des Menschlichen, nicht kenne, dann lebe ich lediglich, um zu essen. So machen es die Tiere auch. Da haben wir das Wesen des Materialismus: Der Geist steht im Dienste des Leibes. Hier haben wir das Ahrimanische in Reinkultur: Alle geistigen Energien sind mit dem Körper beschäftigt. Der Geist ist das Werkzeug, der Leib ist das Ziel.

Einmal habe ich im Ruhrgebiet, wo zur Zeit große Arbeitslosigkeit herrscht, einen öffentlichen Vortrag mit dem Titel *Wozu arbeiten?* gehalten. In diesem Vortrag habe ich gesagt: Wir fühlen uns dem Menschen des Mittelalters überlegen, weil er sich leiblich kasteite und nur für das geisti ge Jenseits lebte. Wir halten das für dumm. Wir meinen verstanden zu haben, dass man seinen Leib gut behandeln muss.

Ich habe dann aufzuzeigen versucht, dass der moderne Mensch in Wirklichkeit viel asketischer lebt als der mittelalterliche Mensch. Letzterer nämlich betrieb eine Art von Askese, bei der er den Leib bis zu einem gewissen Grade die Errungenschaften und die Freuden des Geistes zahlen ließ. Wir sind viel größere Asketen, weil wir für die Errungenschaften unseres Leibes alles tun und den Geist dafür alles bezahlen lassen. Der Geist bleibt bei uns völlig «unterernährt».

Mit anderen Worten: Im Mittelalter pflegte man den Geist auf Kosten des Leibes, was sicherlich nicht richtig ist. Man muss den Leib als Werkzeug des Geistes gut pflegen, man darf ihn nicht zu Schaden kommen lassen. Aber wir pflegen den Leib auf Kosten unseres Geistes und verarmen dadurch viel mehr, kommen auf diese Weise in einem weitaus höheren Maße als Menschen zu Schaden.

Die Askese des heutigen Menschen ist also eine viel stärkere als diejenige des mittelalterlichen Menschen, denn dieser nahm sich wenigstens den besten Teil, die wahren Schätze, die das Leben zu bieten hat. Wir hingegen versäumen den besten Teil und pflegen lediglich das Werkzeug, das Instrument. Der heutige Mensch leistet in Wirklichkeit Verzicht und leidet Entbehrung in einem weit höheren Maße als der Mensch des Mittelalters.

Die schlichte Auffassung der Evangelien

Eine vierte große Machenschaft Ahrimans, die Rudolf Steiner erwähnt, kann uns überraschen. Es ist die Bemühung, eine *schlichte Auffassung der Evangelien* in der

Menschheit zu fördern. Ahriman tut alles, um die Menschen davon zu überzeugen, dass die Evangelien für schlichte einfache Menschen geschrieben worden sind. Man soll sie deshalb nur mit schlichtem Gemüt angehen und möglichst einfach auslegen.

Auf diese Weise wird es Ahriman gelingen, sehr viele Menschen hinters Licht zu führen, denn hinter der Verlockung, die damit verbunden ist, steckt soviel Arglist, dass viele sich davon werden überzeugen lassen. In diesem Fall wird Ahriman sogar den Eindruck erwecken, er setze sich für das wahre Christentum ein!

Es ist ja wirklich schwierig, die Menschen davon zu überzeugen, dass es sich bei den Evangelien um Schriften von äußerster Komplexität handelt, weil sie mit einem Ereignis zu tun haben, in welchem die Summe des gesamten irdischen Werdens enthalten ist. Im Christus-Ereignis sind alle Mysterien der kosmischen und der menschlichen Entwicklung zusammengefasst. Wie können wir annehmen, dass die Dinge «schlicht und einfach» sind und dass sie nur von schlichten, simplen Herzen ohne jede Erkenntnisbemühung restlos verstanden werden können?

Wenn Rudolf Steiner auf diese Schwierigkeit hinweist, meint er damit nicht, dass wir die traditionelle Haltung des Glaubens verachten sollen, die beispielsweise unsere Eltern hatten. Es hat eine Zeit gegeben, da war das Streben nach Verständnis der Dinge noch nicht wie heute aufgekommen, und da war diese Einstellung des Herzens die richtige. Der «Glaube» unserer Vorfahren ging mit einer Ehrfurcht einher, die eine Ahnung davon hatte, dass in den Evangelien die tiefsten Mysterien enthalten sind. Der moderne Mensch hat diese Ehrfurcht nicht mehr. Jetzt stehen wir an einer Schwelle der Entwicklung, wo die Rechnung nicht mehr aufgeht, wenn der Mensch nicht anfängt, sich den Dingen auch von der Seite der Erkenntnis her zu nähern. Deshalb kommt heute die «Religion» immer weniger an bei den Menschen. Einen Glauben, der die Bemühung nach immer tieferer Erkenntnis ausschließt, wollen heute immer weniger Menschen. Das ist ihr gutes Recht.

Wir stellen also fest, dass wir an einer großen Schwelle der Menschheitsentwicklung stehen, an der eine starke Sehnsucht nach geistiger Erkenntnis aufkommt. Was man noch bis vor fünfzig Jahren bereitwillig glaubte, ohne es zu verstehen, wollen mehr und mehr Menschen heute *verstehen*. Der Glaube wird nicht weniger, wenn wir mehr verstehen – denn je mehr wir verstehen, desto größer werden die Dinge, die wir noch nicht verstehen. Und angesichts der Dinge, die wir noch nicht verstehen und die immer nur mehr werden, ist die richtige Haltung die der Ehrfurcht und der Hingabe – des Glaubens eben.

Wenn man den Menschen sagt, man solle sich den Evangelien lediglich mit einfachem Sinn und schlichtem Gemüt nähern und es sei stolz und anmaßend, sie mit etwas so Komplexem wie der Geisteswissenschaft angehen zu wollen, dann bringt man damit selber ein beträchtliches Maß an Arroganz und Stolz zum Ausdruck. Denn man maßt sich damit ja an, äußerst komplexe und weitreichende Dinge ohne die geringste erkenntnismäßige Anstrengung erfassen zu wollen. Man bildet sich ein, zu den schwierigsten und tiefsten Dingen den inneren Zugang finden und dabei geistig faul bleiben zu dürfen. Man deckt nur über seine geistige Faulheit das Mäntelchen des «einfachen Herzens» und des «schlichten Gemüts».

Dieser vierte ahrimanische Impuls ist dem Christus-Impuls diametral entgegengesetzt. Wenn wir die Evangelien auf unserem «schlichten» Niveau angehen, dann versteht sie wohl auch der einfachste Mensch. Was wird dann aber aus der Gestalt des Christus Jesus? Der Christus als göttliches Wesen verschwindet – und er ist in der Tat für viele seit langer Zeit verschwunden –, und wer bleibt, ist Jesus von Nazareth: der «schlichte Mann aus Nazareth», wie es in theologischen Kreisen schon lange heißt.

In Südafrika, wo ich Dozent war, sagte im Dozentenkollegium der Studienbeauftragte einmal: «Den Christologiekurs werden wir dir niemals anvertrauen. Mit deinem Steiner machst du Christus ja dermaßen göttlich! Damit kann man in der politischen Situation, die wir in Südafrika haben, nichts anfangen.» Christologie wurde dann tatsächlich von jemandem gelehrt, der die Gabe besaß, aus Christus den perfekten marxistischen Revolutionär zu machen. Ja, man braucht die Evangelien nur «menschlich» – allzu menschlich – anzugehen!

In der Geisteswissenschaft Rudolf Steiners werden die Evangelien etwas überaus Komplexes, und das Herz gewinnt eine Glaubensdimension, die um ein Unendliches tiefer wird, weil man in die Haltung der Verehrung der *göttlichen* Entwicklungsperspektive des Menschlichen kommt, die wir auf der jetzigen Stufe der Entwicklung zunächst nur ahnen und verehren können.

Ahrimans Inkarnation und Christi Wiederkunft

Wir können zum Schluss die vier erwähnten Machinationen Ahrimans andeutungsweise mit den Aspekten des Erscheinens des Christus in Beziehung bringen: Sie entsprechen einander auf sehr schöne Weise.

Nehmen wir die Begegnung mit Christus in ätherischer Gestalt. Er straft Ahriman Lügen, wenn dieser sagt, die

Welt bestehe ausschließlich aus Materie (wir erinnern uns, dass dies Ahrimans erstes Ränkespiel ist); wenn wir dem kosmischen Wesen des Christus begegnen, fangen wir an, wieder zu entdecken, dass der Kosmos von geistigen Wesen bevölkert ist.

Der zweite Aspekt der Ankunft des Christus ist, dass der Mensch in einen Lichtleib eingehüllt gesehen wird. Dies bedeutet den Sieg über jeden Nationalismus. Denn durch den Nationalismus verliert der Mensch die Fähigkeit, das geistige Wesen des Menschen zu sehen. Er identifiziert den Menschen mit seiner physischen Leiblichkeit. Wenn mir dagegen jeder Mensch als eine Lichtgestalt entgegentritt, ist die menschliche Universalität bezeugt; denn die besonderen Eigenschaften der Nationen erscheinen mir allesamt als Lichtaspekte des universal Menschlichen, welche sich zusammenfügen und zum geistigen Leib des wiedererscheinenden Christus werden.

Die dritte Machination Ahrimans, die Nützlichkeitsgesinnung im Wirtschaftsleben, das Konkurrenzdenken des «Du-gegen-mich», des Krieges aller gegen alle, hat in der Erfahrung des wiedererscheinenden Christus die reale Imagination des karmischen Ausgleichs der vollbrachten Handlung als Gegenpart. Denn dieser karmische Ausgleich ist immer die liebende Absicht, dem anderen das zu bringen, was wir ihm in der Vergangenheit weggenommen haben, um es für uns in Anspruch zu nehmen. Das Karma eines jeden Menschen ist ein doppeltes. In der ersten Hälfte, das heißt in der Hälfte der Atomisierung der Menschheit, als die Menschen sich voneinander sondern mussten, um sich zu individualisieren, hat jeder von uns alles von der gesamten Menschheit für sich genommen. Da war das Motto: Alle für mich.

Die zweite Hälfte der Evolution ist dazu da, dieses Verhältnis umzukehren: Ich für alle. So wie ich mich aller Menschen zu meinem eigenen Vorteil bedient habe – und das war notwendig, damit ich selbständig werden konnte –, so werde ich jetzt als karmischen Ausgleich für diesen Egoismus Liebe entwickeln. Alle guten Eigenschaften, alles Schöne, was ich in mir aufgebaut und damit dem Leib der Gesamtmenschheit weggenommen habe, all das gebe ich jetzt zurück, indem ich mich selbst in diese Fülle des Menschlichen einbringe. Dies ist der Sinn des karmischen «Ausgleichs» der Taten der Vergangenheit.

Und so hat die vierte Machenschaft Ahrimans, bei der es darum geht, dass die Evangelien, die von der ungeheuren Tiefe und Komplexität des Christus-Mysteriums handeln, mit schlichtem Gemüt angegangen werden sollen, als Gegenpart den Christus als Herrn des Karmas. Und es wird verständlich, dass die unendliche Komplexität und die unerschöpfliche Fülle des menschheitlichen Organismus eine nicht weniger komplizierte Geisteswissenschaft unentbehrlich machen.

In den Mysteriendramen Rudolf Steiners ist oft von Ahriman die Rede. Es seien hier einige Zeilen aus dem dritten, «Der Hüter der Schwelle» (6. Bild), angeführt, wo das ahrimanische Wirken auf die zwei Grundkräfte des *Hasses* und der *Angst* zurückgeführt wird. Hass ist das Prinzip des «Jeder-gegen-jeden», das Prinzip der Zersplitterung. Wenn in der Menschheit Hass vorherrscht, kommt in allen Menschen Angst auf. Die Angst ist die reale Überzeugung, dass alle Menschen gegen mich sind, weil ich gegen alle bin. Wenn Hass gesät wird, wird Angst geerntet.

Ich war den Göttern ebenbürtig einst.
Sie mussten mir die alten Rechte kürzen.
Ich wollte meinem Bruder Lucifer
Für seine Reiche so die Menschen bilden,
Dass jeder seine Welt in sich nur trüge.
Da Luzifer als Gleicher unter Gleichen
Im Geistesreiche nur sich geben wollte
Und Vorbild nur für andre, niemals aber
Ein Herrscher über Wesen konnte sein,
So wollte ich dem Menschen Stärke geben,
Dass er dem Lucifer sich gleich bezeuge.
Und wär' ich in dem Götterreich geblieben,
Es wär' dies auch im Urbeginn geschehn.
Doch wollten Götter Herrscher sein auf Erden,
So mussten sie aus ihrem Reiche einst
In Abgrundtiefen meine Kraft verbannen,
Dass ich die Menschen nicht zu stark erkrafte.
Und so vermag ich nur von diesem Orte
Zur Erde hin die starke Kraft zu senden.
Sie wird auf diesem Wege aber – Furcht.

In der Welt der Materie, wo das Gesetz des Gegeneinander herrscht, muss der Mensch Hass und Angst erleben. Durch die Kräfte des Hasses lernt er sich abzusetzen und sich durchzusetzen. Und er erlebt Angst, weil er sich von jedem anderen Wesen bedroht fühlt. In dem Maße aber, in dem er in der Welt der Materie das Geistige pflegt, heilt er in sich und in anderen alle Kräfte des Hasses und der Angst durch Mitleid und Liebe.

VI.
Sanfte Übergänge und apokalyptische Umbrüche in der Entwicklung

Wir beschäftigen uns in diesen Tagen mit den Ereignissen, die für die Wende unseres Jahrtausends eine besondere Bedeutung haben. Wir gehen davon aus, dass die Entwicklung im allgemeinen zwei Grunddimensionen aufweist: Es gibt immer und überall einerseits Kontinuität und andererseits Neuanfänge. Beide zusammen ergeben ein Lebendiges, das immer in Fluss ist und in dem das Alte allmählich, aber sicher in ein Neues übergeht.

Das Kontinuierliche und das Sprunghafte scheinen sich zunächst zu widersprechen. Sie sind diametral entgegengesetzt, und nur wenn wir beide Pole erkenntnismäßig zu umfassen und eine Synthese aus beiden herzustellen versuchen, verstehen wir, dass jegliches Werden nur dadurch möglich ist, dass die richtige Beziehung zwischen Kontinuität und Erneuerung hergestellt wird.

Die Geschichte macht (manchmal) Sprünge!

Gäbe es immer nur Kontinuität, so gäbe es niemals etwas Neues. Wenn wir Geschichte nur vom Gesichtspunkt der Kontinuität aus betrachteten, befänden wir uns in einer

Einseitigkeit, die nirgendwo Neues im echten Sinne – und also auch wahre *Geschichte* – wahrnehmen kann.

Würden wir andererseits nur Diskontinuität und Revolution in Betracht ziehen, würden wir die Evolution lediglich als eine Aufeinanderfolge von absoluten Neuanfängen ohne jegliche Konstante betrachten, so wäre das ebenso sinnlos, denn es gäbe ja dann nichts, was eine Brücke bilden würde zwischen dem, was jeweils untergeht, und dem, was an völlig Neuem auftaucht.

Der Begriff des absoluten Sprunges ist der schon erwähnte und aus der Tradition bekannte, philosophisch schwierige Begriff der «Schöpfung aus dem Nichts». Wir gehen hier von der einfachen Voraussetzung aus, dass wir uns in einer schon bestehenden Welt befinden, in der es niemals möglich ist, *alle* bestehenden Faktoren ins «Nichts» versinken zu lassen, um aus diesem Nichts *alles* neu zu schaffen. Wir leben mitten in einer Wirklichkeit, die das absolut Neue – das Neue, das keinerlei bleibende Faktoren aufweist – ausschließt.

Auf der anderen Seite müssen wir aber ebenso von einer Interpretation der Geschichte absehen, die ausschließlich den Gesichtspunkt der Kontinuität, des Sich-gleich-Bleibenden im Auge hat; denn dann gäbe es kein Werden. Obwohl niemals *alles* neu entstehen kann, so doch immer wieder sehr, sehr *vieles*.

Wir begegnen diesen beiden einander polar entgegengesetzten Seins- und Betrachtungsweisen bereits in den Anfängen des westlichen Denkens, nämlich bei Parmenides und Heraklit. Für Parmenides war in erster Linie das ewig Seiende maßgeblich, das Wesen, welches sich nicht ändern kann, ohne sich selbst zu verleugnen beziehungsweise überhaupt ein *anderes* zu werden; Heraklit hingegen sah vornehmlich den Charakter des ständig Neuen:

panta rei (pànta rèi = alles fließt), wo nichts sich ganz gleich bleibt.

Rudolf Steiner bezieht diese Polarität auf das *Ich* (den Geist) und auf den *Astralleib* (die Seele). Wir tragen beide Pole in uns: das Fortdauernde und das Sich-Erneuernde, das Dauerhafte und die Veränderung, die Dimension des Sich-selbst-treu-Bleibens und diejenige des Sich-ständig-Erneuerns. Unser Ich und unser Astralleib beziehungsweise unser Geist und unsere Seele sind zwei Wirklichkeiten, die auf künstlerisch-kreative Weise und mit einem Höchstmaß an moralischer Imagination ineinanderwirken.

Das Ich ist in uns die Erfahrung des Sich-selbst-gleich-Bleibens. Wenn ich «ich» sage, so meine ich jene Wirklichkeit meiner selbst, meiner Individualität, wo ich nicht jeden Tag ein anderes Wesen werde, sondern immer dasselbe individuelle geistige Wesen bleibe. Gäbe es nicht diese Erfahrung dauerhafter Selbstidentifikation mit mir selbst, müsste ich mich andauernd, täglich, stündlich selbst verlieren und verleugnen. Aufgrund der Erfahrung des Ich, dank der Tatsache, dass das Ich als eine einheitliche und mit sich identisch bleibende Wesenhaftigkeit erlebt wird, auf die unendlich viele Faktoren zurückgeführt werden können, ist in der Menschheit der Gedanke des *Monotheismus* entstanden.

Die Seele umfasst dagegen eine unendliche Vielzahl sich ständig verändernder, immer sich erneuernder Kräfte und Erlebnisse: Gefühle, Begierden, Triebe, Leidenschaften und so weiter. Aufgrund des Seelen-Erlebnisses ist in der Entwicklung der Menschheit die kulturell-religiöse Strömung des *Polytheismus* entstanden.

Der Mensch darf in seiner monotheistischen Erfahrung der Einheit und der Beständigkeit seines individuellen Ich, die ja auch den verschiedenen Erdenleben zugrunde liegt, nicht so unbeweglich sein, dass in der Symphonie seiner Entwicklung keine «Variationen zum Thema» mehr möglich sind. Auf der anderen Seite strebt aber der Mensch, wenn er sich in ständiger Veränderung erlebt, mit tiefer Sehnsucht immer wieder danach, in seinem Wesen eine Realität zu erfahren, die beständig ist. Denn alle Veränderungen meines Wesens sind Veränderungen des *einen sich gleich bleibenden* Wesens, das durch eigene Entfaltung und Anderswerdung gerade zeigt, dass es sich niemals veräußerlicht oder verliert, indem es nie zu einem ganz anderen Wesen wird.

Wir haben also im Mysterium des Geistes (des Ich) und im Mysterium der Seele (des Astralleibes) die beiden Pole jeder menschlichen Entwicklung schlechthin: *Dauer* und *Zeit, Kontinuität* und *Entwicklung.*

Der Osten sieht die Dauer, der Westen die Zeit

Dauer und Zeit sind zwei Dimensionen, welche jeder Mensch in seinem Ich und in seiner Seele erfährt. Die großen Interpretationsfehler sind, was die Entwicklung betrifft, immer entstanden, wenn das Denken entweder versuchte, die Phänomene einseitig unter dem Gesichtspunkt der Veränderung zu betrachten, wobei die Kontinuität nicht genügend berücksichtigt wurde – oder aber die Phänomene allzu sehr unter dem Gesichtspunkt der Beständigkeit zu sehen und die Veränderungen zu unterschätzen oder außer Acht zu lassen.

Wir könnten ebenfalls sagen, dass diese Polarität zwischen einer Welt, in der es niemals etwas Neues, und einer

Welt, in der es ausschließlich Neues gibt, auch die Polarität ist zwischen der geistigen und der leiblichen Welt. In der geistigen Welt gibt es insofern niemals etwas völlig Neues, als ein geistiges Wesen weder «entstehen» noch «vergehen» kann. Entstehen und Vergehen gibt es nur in der sinnlichen Welt, in der Welt der «Vergänglichkeit». Wenn wir das menschliche Ich – das einzige geistige Wesen, das wir in der Welt der sichtbaren Erscheinungen erfahren können – betrachten, so sehen wir sogleich, dass es sich durch diesen Charakter der Dauer, das heißt der fortwährenden Identität mit sich selbst, auszeichnet.

Die Welt der sinnlich wahrnehmbaren Erscheinungen hingegen zeichnet sich in erster Linie durch ständiges Entstehen und Vergehen, durch stetige Erneuerung aus. Das Entwicklungsgesetz des fortwährenden Entstehens und Vergehens ist kein Widerspruch zur Tatsache, dass der Gesamtzyklus, der sowohl Entstehen wie auch Vergehen umfaßt, sich in der Natur auf gleiche Weise immer wiederholt. Was in der geistigen Dauer sich als geistiges Wesen gleich bleibt, äußert sich in der Welt des sinnlich Wahrnehmbaren in zeitlicher Abfolge, im Nacheinander der Offenbarungsformen, die einander ständig ablösen.

Zu den großen Fragen der Jahrtausendwende gehört auch wesentlich, wie schon besprochen, die Art und Weise, wie der Osten und der Westen sich zueinander verhalten werden – ob mehr «kontinuierlich», ohne Überraschungen, oder eher «diskontinuierlich», mit Umbrüchen apokalyptischen Charakters. Wir haben gesehen, dass, wenn der Mensch es versäumt, zwischen diesen zwei Welten in Freiheit eine Vermittlung im Sinne einer kontinuierlichen Versöhnung zu schaffen, ein jähes Aufeinanderprallen unvermeidbar wird.

Der *Osten*, auf den sich in der Zeit vor Christus die

geistige Führung der Menschheit vor allem richtete, sieht die Welt und die Geschichte vordergründig unter dem Gesichtspunkt der *Dauer*. Die Welt der entstehenden und vergehenden Erscheinungsformen wird heute noch in den östlichen Religionen weitgehend als «Maja», als Illusion betrachtet. Der *Westen* sieht dagegen eine lineare, fortschreitende Geschichte sich entfalten, in der alles nur einmal geschieht. Er betrachtet gerade dasjenige als das Wichtige und Wesenhafte, was in der sinnlich-materiellen Welt entsteht und vergeht. Nicht die Dauer, sondern die *Zeit* ist für ihn das Wichtige.

Da das Sich-Ändernde mehr im Sinnlichen zu erleben ist, wurde der Westen mit seiner Entwicklungsdynamik durch Wissenschaft und Technik zum Eroberer der sinnlichen Welt. Da das Sich-gleich-Bleibende mehr im Übersinnlichen zu finden ist, wurde der Osten mit seinem Ewigkeitsdenken durch Religiosität und Spiritualität zum Verehrer der geistigen Welt.

Es gibt nicht nur ein allgemeines Werden des menschlichen Wesens, in welchem wir beide Dimensionen – Dauerhaftigkeit in seinem Ich und Veränderlichkeit in seiner Seele – haben, sondern es gibt auch alle Ereignisse der *Geschichte,* bei denen es darauf ankommt, dass wir sie so allseitig wie möglich betrachten, um zu erkennen, unter welchen Gesichtspunkten sie den *Charakter der Kontinuität* und unter welchen sie den *Charakter des Bruchs* zeigen.

Nehmen wir als Beispiel das heranwachsende Kind. Solange es klein ist, muss es von außen geführt werden. Es handelt sich dabei um eine stellvertretende Führung, die nicht dazu bestimmt ist, während des gesamten Lebens des Geführten beibehalten zu werden; vielmehr will sie sich selbst überflüssig machen, indem sie das Kind nach und nach in die Unabhängigkeit entlässt. Wenn ich jetzt sagen würde, das Kind betreibe, indem es sich schließlich selbst führt, nichts anderes als eine kontinuierliche Fortsetzung seiner einstigen Führung, die eine Führung von außen war, so wäre das doch eine merkwürdige Art zu sprechen, denn letztlich haben wir eine Umkehrung, das Gegenteil dessen, was am Anfang da war. Ich kann die Führung, die von innen heraus erfolgt, nicht als Fortsetzung der Führung von außen ansehen. Das eine ist das *Aufhören* des anderen, so wie das Vergehen einer Pflanze das Aufhören ihres Bestehens ist.

Was ich hier sehen muss, ist ein Bruch, eine Schwelle. Es wird ein Sprung im Sinne einer *Umkehrung* vollzogen; es entsteht etwas ganz anderes, etwas völlig Neues dadurch, dass ein Altes vergeht und aufhört zu sein. Ich verstehe die zwei genannten Phasen des Lebens besser und objektiver, wenn ich davon ausgehe, dass ich es mit etwas zu tun habe, was gegenüber der Vergangenheit etwas völlig Neues darstellt. Denn wo wäre hier der Faktor der Kontinuität? Wenn ich Abhängigkeit und Selbständigkeit allein durch dasjenige verstehen will, was sie gemeinsam haben – dass sie beide zum Beispiel Hauptwörter sind! –, werde ich kaum etwas davon verstehen!

Vor diesem Hintergrund können wir vielleicht besser erfassen, was ernste Esoterik meint, wenn sie sagt, dass die Menschen am Ende dieses Jahrhunderts es mit einer Konstellation von *einmaligen* und *einschneidenden* Ereignissen zu tun haben, in denen das Diskontinuierliche das Entscheidende ist und dasjenige, was fortbesteht, mehr als Grundlage und Bedingung dient für das ganz Neue.

Die Grundaussage ist hier wiederum: Wir verstehen die Zeit, in der wir heute leben, nur dann richtig, wenn wir, bei aller unleugbaren Kontinuität, doch nicht übersehen, dass durch die Ereignisse um die Jahrtausendwende *ganz Neues und nie Dagewesenes* entstehen will. Wo das Neue nicht übersehen oder versäumt wird, macht sich das Alte zur Grundlage, zur Gesamtbedingung für dieses Neue. Obwohl diese Grundlage *absolut notwendig* ist für das Neue, werden ihre unverzichtbare Kostbarkeit und ihr Sinn erst durch das Entstehen des Neuen sichtbar. Dies ist zugleich der tiefere Sinn jeden Fortbestehens des Alten im Neuen.

Denken Sie an das Leben zweier Menschen, die seit einiger Zeit zusammenleben. Da gibt es das Alltägliche, die ständige Wiederholung so vieler Dinge – und eines schönen Tages kommt ein Kind zur Welt. Da kann man nicht sagen, dass das Leben von diesem Tage an wie gewohnt weitergeht. Wenn ich bei der Erklärung eines solchen Phänomens, welches doch ein Hereinbrechen von etwas völlig Neuem bedeutet, vom Gleichbleibenden ausgehe und nur das Kontinuierliche sehe, so bediene ich mich damit erkenntnismäßiger Werkzeuge, die genau die falschen sind.

Das tägliche Leben ändert sich vollständig, wenn ein neues Wesen auf dieser Welt erscheint. Wir haben es dabei mit einer Zäsur zu tun, mit einem Neuanfang, mit einem evolutiven Sprung. Man wird zwangsläufig mit vollkommen neuen Wirklichkeiten konfrontiert, und deshalb genügen einem die Gedanken, die man vorher hatte, und die alten Gewohnheiten nicht mehr. Man muss fähig sein, sich umzustellen, sich innerlich zu erneuern, sich zu verändern, indem einen die äußere Situation herausfordert, als Antwort immer neue Fähigkeiten des eigenen Wesens an den Tag zu bringen. In dieser Erneuerungsfähigkeit erfährt der Mensch seinen Reichtum und ist oft erstaunt über sich selbst. Ich hätte niemals gedacht, sagt er sich, dass ich das kann! Immer habe ich gedacht, diese Situation wäre nicht zu bewältigen – aber jetzt ...!

Kontinuität und Erneuerung, diese beiden Aspekte jeder Entwicklung, sind in allen Phänomenen in Wechselwirkung miteinander. Wenn die eine oder die andere fehlte, wäre menschliches Leben nicht mehr möglich. Gäbe es nur das Kontinuierliche, so würde das bedeuten, dass wir nichts mehr unterscheiden könnten, weil immer alles gleich wäre. Es wäre so, wie wenn ein Künstler, anstatt mit all den vielen Farben und Farbnuancen nur mit dem reinen Licht arbeiten wollte. Ich denke an Raffaels *Verklärung*, wo oben fast nur noch Licht ist und die Farbe aufhört und somit auch das Gemälde zu Ende ist: Man kommt in einen ganz überirdischen Bereich. So ist es auch mit dem menschlichen Leben: Gäbe es nur das immer Gleiche, könnten wir nichts mehr sehen beziehungsweise unterscheiden, denn es gäbe ja nichts zu sehen oder zu unterscheiden.

Andrerseits: Gäbe es nur Neues und niemals Konstantes – das ist das andere Extrem für das menschliche Denken –, hätten wir nichts Vergleichbares mehr und könnten das vermeintlich Neue nicht aufnehmen, denn wir hätten ja das Alte nicht, auf das wir es beziehen müssen. Das Neue braucht immer das Bleibende, und das Bleibende braucht immer das Neue.

Aristotelische und platonische Apokalypse

Wenden wir nun diese Überlegung über die Polarität jeder Entwicklung auf den Begriff des Apokalyptischen an. Apokalyptisch ist das, was an Neuem und Plötzlichem hereinbricht; das Apokalyptische ist das Diskontinuierliche, es tritt mit jeweils unterschiedlicher Intensität auf. Der Tod eines jeden Menschen ist zum Beispiel eine Apokalypse im höchsten Maße, weil alle Inkarnationsfaktoren mit einem Schlag widerrufen beziehungsweise aufgehoben werden und weil ebenso plötzlich alle evolutiven Faktoren des Nachtodlichen, des exkarnierten Zustandes auftreten. Wir können den Tod nur als Zäsur, als Sprung auffassen. Wenn wir den Tod von der Kontinuität her betrachten wollten, so hätten wir nicht die geeigneten gedanklichen Werkzeuge, um das Phänomen richtig zu erfassen.

Vor dem Hintergrund dessen, was wir in diesen Tagen besprochen haben, möchte ich die zwei *Dimensionen des Apokalyptischen* die *aristotelische* und die *platonische* Dimension nennen; wir lernen auf diese Weise weitere Aspekte des Aristotelischen einerseits und des Platonischen andererseits kennen.

Vom Aristotelischen her gesehen bezieht sich das Apokalyptische auf den Charakter der äußerlichen evolutiven Faktoren des Vorher und des Nachher: Frühere und spätere Zustände, die auf dem physischen Plan wahrnehmbar sind, werden miteinander verglichen. Die aristotelische Dimension des Apokalyptischen bezieht sich auf das Nacheinander der äußerlichen Ereignisse in der Zeit; es ist eine «exoterische» Perspektive, eine äußerliche Perspektive. Man erfährt den Übergang vom Vorher zum Nachher, wobei sowohl das Vorher als auch das Nachher sinnlich wahrnehmbar ist.

Die platonische Dimension des Apokalyptischen ist ganz anderer Natur: Sie ist hauptsächlich esoterischer, geistig-übersinnlicher Natur. Der esoterische Charakter des im platonischen Sinne Apokalyptischen erscheint in der Bedeutung des griechischen Wortes ἀποκάλυψις = Offenbarung (ἀπο = weg, καλυπτω = ich verstecke).

«Apokalypse» ist *Entschleierung.* Man sieht plötzlich etwas, was einem vorher verborgen war.

«Apokalypse» im platonischen Sinn vollzieht sich bei jeder «Einweihung». Wenn ein Mensch, der bis jetzt nur Sinnliches erlebt hat, plötzlich seine Augen für das Unsichtbare öffnet, so ist das für ihn die größte «Apokalypse», die größte «Enthüllung», die es geben kann. Es ist zugleich die größte Diskontinuität, die es für ihn gibt, denn von diesem Augenblick an beginnt für diese Individualität ein ganz neues Kapitel. Eine ganze Welt geht ihm auf, die früher für ihn nicht existierte. Sie «entsteht» plötzlich für ihn. Alle sichtbaren und wahrnehmbaren Wirklichkeiten bleiben äußerlich dieselben, da gibt es Kontinuität. Aber für diesen Menschen fängt ein ganz neues Leben an: Nichts wird mehr für ihn so sein wie vorher. Diese andere, platonisch-esoterische Dimension des Apokalyptischen bedeutet eine unendlich größere Umwälzung, gerade weil sie individuell und im Inneren des Menschen geschieht.

Es stellt sich hier die Frage: Wie stehen diese beiden Dimensionen zueinander in Beziehung? Denken wir an den berühmten Archimedes, der beim Baden als erster Mensch feststellte, dass das Bein, solange es im Wasser ist, leichter ist und dass es schwerer wird, sobald er es herauszieht. Archimedes hat als erster die Tragweite dieser Realität auf der Ebene des menschlichen Denkens geahnt. Unsere gesamte Technik basiert auf diesem Prinzip. Wie uns überliefert wird, hat er voller Begeisterung «ich hab's!» ausgerufen. War die Welt äußerlich anders geworden? Nein, die Welt war geblieben, wie sie war – und äußerlich er auch. Wo hatte also die «Apokalypse» stattgefunden? In seinem Denken! Und von diesem Tag an war Archimedes' Leben nicht mehr dasselbe! Es änderte sich alles für ihn und später auch für die Menschheit.

Es war eine Apokalypse des Denkens, aber eine Apokalypse von größter Bedeutung. Eine mächtige Realität des plötzlich Neuen bricht hier herein: Ein Mensch hat etwas in seiner geistigen Essenz erfasst, und das bringt Konsequenzen mit sich, bis in unsere Tage.

Rudolf Steiner fragt: Wissen unsere heutigen Arbeiter, wenn sie einen Tunnel bauen, dass Leibniz an jedem Tunnelbau mitwirkt, weil er die Infinitesimalrechnung entdeckt hat? Dank seinen am Schreibtisch, im Kämmerlein gedachten Gedanken, dank seiner inneren, urplötzlichen Apokalypse im Denken sind wir heute in der Lage, einen Tunnel zu bauen. Und diese Tatsache ist eine enorme äußerliche Apokalypse, eine Apokalypse mit großen Konsequenzen für das Leben der ganzen Menschheit. Jeder Mensch erlebt solche «Offenbarungen», solche apokalyptischen Momente, die für sein Leben schicksalhaft und entscheidend sind.

Die aristotelisch-exoterische Dimension des Apokalyptischen ist immer die Folge dessen, was im Inneren geschieht, und die wahre Realität der Evolution ist der Geist des Menschen selbst. Die äußeren Faktoren sind die Bedingungen, die notwendig sind, um die gehörigen Anregungen zu schaffen, damit ein immer größeres Maß an innerer Menschlichkeit erreicht werden kann. Die umfassende Dimension der Apokalypse ist also immer das Hereinbrechen des Geistigen, des Göttlichen, in das Sichtbare.

Wenn jemand anfängt, mit Engeln, Erzengeln und Zeitgeistern, mit Thronen Cherubim und Seraphim zu kommunizieren – ähnlich wie wir mit allem kommunizieren, was sinnlich wahrnehmbar ist –, so ist das für ihn die gewaltigste Apokalypse, die größte «Enthüllung», die es gibt. Und sie geschieht doch im Alltäglichen, wo alles sonst beim Alten bleibt. Wenn jemand in der Lage ist, dem wiedererscheinenden Christus übersinnlich zu begegnen, den Christus geistig als ein ätherisches Wesen wahrzunehmen, so kann ein anderer neben ihm stehen, der nichts erfährt. Die Welt der sichtbaren Erscheinungen ändert sich nicht. Aber für den, der diese geistige Wahrnehmung macht, ist alles anders, ist alles neu.

Individuelle und menschheitliche Apokalypse

Warum ist diese andere Dimension des Apokalyptischen notwendig? Weil sie vollkommen individuell ist und den anderen die Freiheit lässt. Bei dem einen Menschen findet das «Weltenende» statt, die Welt der sichtbaren Erscheinungen hört für ihn auf, die einzig reale Welt zu sein. Bei anderen Menschen, selbst wenn sie sich in seiner unmittelbaren Umgebung befinden, geschieht vielleicht nichts. Die Freiheit des anderen wird nicht beeinträchtigt. In der aristotelischen Dimension hingegen bleiben wir nicht frei, denn die aristotelische ist die universelle Dimension der äußerlichen Entwicklungsbedingungen, die für alle gleich und für alle bindend sind.

Das Apokalyptische, das Neue hat also zum einen universellen und zum anderen individuellen Charakter.

Alle Menschen müssen auf gleiche und gemeinsame Weise, und zwar auf wahrnehmbare Weise, den Veränderungen der allgemeinen Entwicklungsbedingungen ausgesetzt sein. Diese Bedingungen können nicht individuell auf die einzelnen Menschen zugeschnitten sein, sonst müssten wir ja in so vielen verschiedenen irdischen Welten leben, wie es Menschen gibt.

Für die gesamte Menschheit kommt zum Beispiel irgendwann die Zeit, da eine Kulturepoche enden muss. Die

Entwicklungsbedingungen, die 2160 Jahre lang (das ist die Dauer einer Kulturepoche, die Zeit, in der die Sonne ein Tierkreiszeichen durchmisst) allen Menschen als Umwelt gedient haben, damit sie bestimmte Fähigkeiten erwerben, haben dann ihre Aufgabe erfüllt. Alles muss sich dann ändern. So ist einer der wichtigsten Aspekte der Wechselwirkung von Kontinuierlichem und Apokalyptischem, was das Allgemeingültige betrifft, der Übergang der Sonne von einem Tierkreiszeichen in ein anderes und somit – indirekt – das jeweilige Sich-Verändern aller Entwicklungsbedingungen auf der Erde.

Die Entwicklungsbedingungen von heute wären für einen Griechen, der plötzlich in unsere Welt versetzt würde, eine Apokalypse! In Griechenland, vor etwa 2300 Jahren, waren die Lebensbedingungen völlig andere. Wir, die wir in einer ganz anderen Zeitepoche leben, haben uns an das Neue gewöhnt. Es hat für uns schon den Charakter der Kontinuität angenommen, den Charakter von etwas, dem der Mensch weniger wachsam begegnet, weil er darin lebt.

Wenn Rudolf Steiner vom Grundcharakter der griechisch-römischen Kulturperiode (vom Jahre 747 v. Chr. – es ist das Jahr der Gründung Roms – bis zum Jahre 1413 n. Chr.) spricht, betont er, dass die Evolution durch diesen ganzen Zeitraum einen gewissen homogenen Charakter hatte. Mit dem Jahre 1413 (solche Jahreszahlen sind stets annäherungsweise zu verstehen) fängt diese neue Phase an, zu der auch wir gehören; es beginnt eine ganz neue Kulturepoche. Es ist klar, dass die Übergänge graduell erfolgen müssen. Wenn wir jedoch das vierzehnte Jahrhundert mit dem fünfzehnten Jahrhundert vergleichen, stoßen wir auf zwei grundverschiedene Welten. Das vierzehnte Jahrhundert beschließt die griechische Kulturepoche, das fünfzehnte Jahrhundert eröffnet die neue. Im vierzehnten Jahrhundert wären ein Galileo Galilei, ein Kopernikus, ein Leonardo da Vinci undenkbar gewesen; ein- bis zweihundert Jahre später sind sie nicht nur denkbar, sondern ganz real.

Die Kulturepoche des Todes und des Bösen

Betrachten wir eines der Grundmerkmale der griechischen Kulturperiode und eines der unsrigen! Das umfassendste Merkmal der griechischen Kulturperiode besteht laut Rudolf Steiner in der Auseinandersetzung mit dem Mysterium des Todes, und die Gesamtaufgabe unserer jetzigen Kulturperiode besteht in der Auseinandersetzung mit dem Mysterium des Bösen.* Das sind, von der Evolution her betrachtet, zwei ganz und gar verschiedene Aufgaben.

Worin hat sich das *Mysterium des Todes* auf die komplexeste und umfassendste Weise ausgedrückt? Im Mysterium des Christus. Sein Tod auf dem physischen Plan ist in der griechischen Kulturperiode geschehen. Er konnte nur in der Kulturperiode geschehen, in welcher die gesamte Menschheit (das heißt wir, als wir Griechen und Römer waren) mit dem Mysterium des Todes konfrontiert werden musste. Der Tod hat sein Ziel nicht in sich selbst; vielmehr muss er, da er ein äußerlicher Faktor ist, immer die Grundlage, die Bedingung sein für irgendeine Art von innerer Entwicklung. Wenn der Mensch nicht mehr den Tod nur erleidet, sondern Abstand nimmt und ihn objektiv

---

* Vgl. Rudolf Steiner, Vorträge am 25. und 26. Oktober 1918, in: Geschichtliche Symptomatologie. GA 185, Dornach ³1982.

betrachtet, ihn bewusst erlebt, kommt in der Menschheit die Möglichkeit auf, die Kräfte der *Bewusstseinsseele* zu schaffen. Jeder Mensch pflegt die Bewusstseinsseele in dem Maße, in welchem er sich mit dem Mysterium des Todes auseinandersetzt, in welchem er bewußt im Mysterium des Todes lebt.

Auf welche Weise ist, durch die griechische Philosophie und durch die mittelalterliche Scholastik hindurch, unser Denken immer bewusster geworden? Durch das Sterben! Indem der Mensch die Möglichkeit hat, sich mit dem, was tot ist, auseinanderzusetzen, wird er immer bewusster, weil ihm das, was tot ist, nichts mehr anhaben kann und er somit frei bleibt. Der Mensch hat die Möglichkeit, in einem Höchstmaß bewusst zu sein, wenn er dem gegenübersteht, was in einem Höchstmaß tot ist. Die moderne Technik ist das umfassende Wirken des Menschen in der Welt des Leblosen, des Toten. Eine Maschine lebt nicht, auch dann nicht, wenn sie läuft. In dieser Welt des Anorganischen kann der Mensch am meisten Bewusstsein entfalten.

Die Schaffung der Kräfte der Bewusstseinsseele ist neuzeitliche «Apokalypse» der Entwicklung, eine Phase voll wunderbarer Überraschungen! Wenn wir sagen würden, die Evolution habe den Tod hervorgebracht, als ob der Tod an sich eine Bedeutung hätte, wäre das so, als würden wir sagen (Rudolf Steiner selbst bringt diesen Vergleich): Sinn und Zweck einer Lokomotive bestehen darin, die Schienen abzunutzen! Natürlich nutzt die Lokomotive im Laufe der Zeit die Schienen ab, aber das ist doch nicht ihr Sinn und Zweck! Ihr Sinn und Zweck besteht darin, einen Zug zu ziehen und Menschen beziehungsweise Waren von einem Ort zum anderen zu befördern. Und indem sie das tut, ist es unvermeidbar, dass die Gleise abgenutzt werden.

Sinn und Zweck der griechischen Kulturperiode bestand

darin, die Kräfte der Bewusstseinsseele wachzurufen, und diese können nicht aufkommen, ohne dass die Erfahrung des Todes immer umfassender gemacht wird. Aber die Erfahrung des Todes ist nicht der Zweck; sie ist die notwendige Bedingung. So hat die griechische Kulturperiode, als wir Griechen und Römer waren, dazu gedient, durch Verobjektivierung des Todes Bewußtsein zu erwecken. Heute sind wir dazu in der Lage.

Unsere Apokalypse des Bösen

Das andere Mysterium ist das *Mysterium des Bösen;* es zu objektivieren ist die Aufgabe unserer Entwicklungsperiode, die erst am Anfang ist. Erst in der nächsten Kulturperiode werden wir in der Lage sein, über das Böse ebenso objektiv zu sprechen, wie wir heute über das Mysterium des Todes sprechen können. Wir tragen heute noch das Böse in uns; und so findet die Auseinandersetzung mit dem Mysterium des Bösen zunächst noch im Inneren des Menschen statt.

Worin besteht nun das Böse? Es besteht eigentlich nicht in bösen Handlungen. Handlungen auf dem physischen Plan, wir haben es vielfach gesehen, sind Folgen eines Inneren und Geistigen – nicht anders als die Abnutzung der Gleise durch das Fahren der Lokomotive. Das reale Böse ist die innere *Neigung* zum Bösen, sind die zerstörerischen Triebe im Innern des Menschen selbst. Aber wenn die Tendenz zum Bösen da ist, heißt das ja noch nicht, dass man das Böse auch zum Ausdruck kommen lassen muss. Eine Sache ist es, die Neigung zum Bösen in sich zu tragen – ihr nachzugeben ist jedoch etwas anderes.

Der Mensch dieser unserer Zeit fängt an, das Mysterium des Bösen in dem Maße zu verstehen, wie ihm klar wird: Jeder von uns muss alle menschlich möglichen Neigungen zum Bösen in sich tragen. Jede Neigung zu jedem Bösen wohnt notwendigerweise auch in mir: Die Auseinandersetzung mit den Neigungen zum Bösen in mir selbst bringt mich eine Stufe weiter. Jeder Mensch ist daher potentiell zu jedem möglichen Verbrechen fähig. Er *muss* die Möglichkeit dazu haben.

Wenn er nicht diese umfassende Neigung zum Bösen hätte, wäre es ihm nicht möglich, sich mit diesem Mysterium der menschlichen Natur auseinanderzusetzen und eine Entwicklung durchzumachen, die nur dank dem Ringen mit dieser Realität möglich ist. Der Unterschied zwischen einem Kriminellen und einem «normalen» Menschen besteht nicht darin, dass der erste mehr Neigungen zum Bösen in sich hat als der zweite. Beide haben die gleichen Triebe. Der Unterschied liegt vielmehr darin, wie sie jeweils anders mit ihnen umgehen. Der erste gewährt diesen Instinkten freien Lauf, während der andere sie in sich zurückhält. Zu den Trieben kommt bei diesem etwas hinzu, was dem ersten fehlt. Dieser Unterschied kann allerdings nicht in einem einzigen Leben, beispielsweise dem jetzigen, entstehen.

Auf die Frage nach der positiven Bedeutung der Tatsache, dass wir vor die Realität des Todes gestellt werden, haben wir auf die Pflege der Kräfte der Bewusstseinsseele hingewiesen. Entsprechend können wir sagen, dass die positive Bedeutung der Auseinandersetzung mit dem radikalen Bösen des Menschen das *Aufkommen des Strebens nach der Realität des Geistigen* ist. Was der heutigen Menschheit fehlt, ist das reale, bewusste Streben nach der Realität des Geistigen. Im Fehlen dieses Strebens liegt das eigentliche umfassende «Böse» unserer Zeit.

Der Mensch sucht das Geistige als Realität; er sucht es nicht nur auf der Ebene der Abstraktion. Er sucht die Engel als reale Führer des individuellen Karmas, die Erzengel als Gestalter des gemeinsamen Schicksals, die Zeitgeister als Gestalter des Karmas einer ganzen Epoche. Der Mensch wird nur in dem Maße versuchen, diese geistigen Wesen zu erkennen und real mit ihnen zusammenzuleben, als er sich real mit dem Mysterium des Bösen auseinandersetzen wird. Das Erkennen des Bösen geht einher mit der Erkenntnis der Wirklichkeit des Geistes, denn das Böse ist keine Theorie, sondern selbst geistige Wirklichkeit, von realen geistigen Wesen bewirkt. Ich kann das Böse in mir nur überwinden durch das reale Geistige. Ich muss mich selbst als ein ganz reales geistiges Wesen erleben – in meinem Ich –, das in sich die Kraft des Guten trägt, die Kraft zur Überwindung von allem Bösen in mir selbst.

Der Mensch wird lernen, dass die einzige Rettung, der reale Gegenpol des Bösen die reale Erfahrung des Geistigen ist. Jede Form des Bösen verneint auf irgendeine Art und Weise den Geist, und die Leugnung des Geistes *ist* das umfassende Böse schlechthin. Der Mensch erlebt in der heutigen Zeit eine erdrückende Überwältigung durch die Mechanismen der Materie. Die Gegenkraft zu diesem Bösen ist die Erfahrung der schöpferischen und liebenden Kraft des Geistes. Der Mensch will nicht nur einen bloß gedachten Geist haben, einen Geist, über den nur gesprochen wird, ohne dass sich im täglichen Leben etwas ändert, sondern er will einen substanziellen und verursachenden Geist finden. Er will zugleich die reale Kraft seines eigenen Ich erleben. Denn das erste geistige Wesen, das wir in der absoluten Substanzialität des Geistigen werden kennenlernen dürfen, ist unser Ich. Der Materialismus als

Leugnung des Geistes ist das Böse schlechthin, weil der Mensch dadurch sich selbst als geistiges Wesen verleugnet und auslöscht.

Die Wandlung als christliche Apokalypse

Das zentrale Mysterium des Christentums ist die Wandlung. Solange der Mensch das Materielle als realer erlebt als das Geistige und in ihm die alleinige Ursache des Weltgeschehens sieht, lebt er vor Christus. Denn Christus «kommt» jedesmal, er wird jedesmal innerlich real erlebt, wenn der Mensch aufgrund einer inneren Apokalypse, aufgrund einer durchgreifenden Wandlung in der Selbsterfahrung seines Geistes die Wende der Entwicklung in sich vollzieht, sodass er aus ureigenster Erfahrung weiß, dass der Geist die wahre Wirklichkeit des Kosmos und dass die Materie Ausdruck des Geistigen im Physischen ist. Jedesmal, wenn der Mensch diese Wende vollzieht, verwandelt er die Welt im eigenen Geiste und verwandelt damit seinen Geist selbst. Er lebt auf diese Weise nach Christus, er lebt mit Christus. Er überwindet das Böse der Verleugnung des Geistes durch Geistesgegenwart und Geistvollzug.

Dieses apokalyptische Mysterium ist das offenbare Geheimnis des Alltags, ist das Mysterium jedes Augenblicks. Es handelt sich hier darum, die Welt im eigenen Denken zu verwandeln, denkend die wesenhafte Substanzialität aller Dinge immer neu zu schaffen. Dies kann ich nicht gestern für heute getan haben. In der Kreativität lebt man nicht von der Vergangenheit. Die vollkommenste Apokalypse kann nur in jedem gegenwärtigen Augenblick stattfinden.

Wenn wir dank der Evolution, die in der griechisch-römischen Kulturperiode stattgefunden hat, heute in der Lage sind, das Mysterium des Todes zu verobjektivieren und ihm mit den Kräften der Bewusstseinsseele ins Auge zu blicken, so folgt daraus die Fähigkeit – und in der Tat hat jeder Mensch diese Fähigkeit, man müsste sie nur üben – zu verstehen, dass alles, was geboren wird, auch sterben muss; sonst könnte es nicht wieder geboren werden. Wenn man dies erfasst, hört die Illusion auf, dass man in der sinnlichen Welt etwas für immer entstehen lassen könnte. Das ist eine der größten Illusionen und zugleich das wahre Wesen des Bösen. Alles, was geboren wird, muss sterben. Aber dieser Gedanke steckt in der Menschheit noch in den Anfängen, denn wir stehen am Anfang der Erübung der Bewusstseinsseele. Die Bedingungen sind in der griechischen Kulturperiode geschaffen worden, was aber die Erübung betrifft, so stehen wir erst am Anfang.

Wir müssen lernen, beim Aufbauen jeder Einrichtung oder Institution von vornherein zu beabsichtigen, dass sie auch im Laufe der Zeit irgendwann wieder sterben soll. Aber ist das nicht widersinnig? Nein. Zu welchem Zweck lässt die göttliche Führung einen Menschen geboren werden? Um ihn auch wiederum sterben zu lassen. Ist das nicht auch absurd? Nein. Wir füllen ein Glas Wasser, um es zu leeren. Das ist nicht absurd. Es muss in der Menschheit das Bewusstsein von der Notwendigkeit entstehen, dass Institutionen in Bewegung gesetzt werden und von Anfang an angestrebt wird nicht die Ewigkeit der Einrichtung, sondern dasjenige, was *die Menschen* durch die Institution werden dürfen. Wenn ich auf das blicke, was ich durch die Anregungen von allem Äußerlichen, von allen Institutionen werden kann, so stelle ich fest, dass ich immer anders werde, und folglich werde ich im Laufe der Zeit immer andere Institutionen brauchen. Ich muss wollen, dass jede Institution im Laufe der Zeit unbrauchbar wird dadurch, dass ich eine ganz andere brauche, weil ich ganz anders geworden bin. Ich muss wollen, dass jede Situation auch einmal ein Ende findet.

In diesem Sinne kann man sagen: Alles Institutionelle ist nur solange gesund, als es die reale Fähigkeit hat, zu sterben und ersetzt zu werden. Wenn das Institutionelle diese Möglichkeit zu sterben verliert, dann deshalb, weil es von einem Mittel zu einem Zweck geworden ist. Es kann nicht mehr sterben, weil es nicht mehr sterben *darf*. Es *muss* unter allen Umständen aufrechterhalten werden. Auf diese Weise wird der Mensch zum Mittel für die Aufrechterhaltung eines Institutionellen gemacht.

Der Mensch, der dies versteht, wird niemals die Ewigkeit dessen wollen, was äußerlich entsteht, sondern einzig und allein die immer von neuem ermöglichte Erneuerung und Entwicklung seines eigenen und aller Menschen Wesens. Mit derselben Freiheit, mit der er Institutionen schafft, lässt er sie auch sterben und vergehen – ohne Tränen, weil er selbst ihr Zu-Ende-Kommen von Anfang an mit gewollt hat. So können wir sagen: Das Wesen des Materialismus *und* des Bösen liegt im Hängen an den äußeren Errungenschaften, mit denen man sich identifiziert und die man verewigen möchte, statt sie als Mittel zu gebrauchen, um sie im und durch den Prozess der eigenen Menschwerdung zu «verbrauchen».

Geburt und Tod des Menschen im Parlament

Ein interessantes Beispiel, welches Rudolf Steiner im Zusammenhang mit dem Mysterium des apokalyptischen Entstehens und Vergehens von allem Äußerlichen anführt, ist der Parlamentarismus, der ein spezifisches Phänomen des Zeitalters der Bewusstseinsseele darstellt. Im parlamentarischen Verfahren kann man gut den Prozess von Geborenwerden und Sterben studieren. Im Beruf des Parlamentariers haben wir genau dieses: Jede Individualität, jede Persönlichkeit wird geboren, indem jeder von seinem Recht Gebrauch macht, seine Meinung zu äußern. Während die Parlamentssitzung stattfindet, das heißt während man zuerst dem einen und dann einem anderen Redner und wieder einem anderen zuhört, wobei der eine dem anderen jeweils vielleicht auf das Heftigste widerspricht, haben wir die Geburt des absolut Individuellen. Alles, was persönlich ist, nicht nur, was die Inhalte der Reden, sondern auch was die Gestik und die Nuancen in den Stimmen betrifft, kommt zum Leben; es wird alles geboren, was vielfältig und persönlich ist.

Ist aber das parlamentarische Verhandeln zu Ende, dann wird gewählt. Und die Wahl ist die völlige Vernichtung jeder Persönlichkeit und Individualität. Jeder ist da anonym, alle sind da gleich. Das ist die absoluteste Nivellierung. Das ist der Tod von allem Individuellen. Ist das wiederum absurd? Nein. Es gehört zum Leben. Man wird geboren, und man stirbt. Es ist jedoch wichtig, dass es einem bewusst wird: Wir lassen das, was persönlich ist, geboren werden, und dann lassen wir es sterben.

Wozu nützt uns diese Übung, in welcher wir uns immer mittendrin befinden? Sie dient dazu, uns selbst zu immer weiterer Entwicklung zu bringen. Denn wir werden andere, wir erreichen bestimmte Eigenschaften, indem wir geboren werden, und es gibt andere Eigenschaften, die wir nur erwerben können, indem wir wieder sterben. Aber das, worauf es ankommt, ist, dass wir es bewusst und willentlich tun; andernfalls wird der Tod entweder abgelehnt oder nicht gesehen und nicht erlebt. Von der Bewusstseinsseele her gesprochen heißt das: Man muss den Dingen ins Auge sehen, besonders der Grundtatsache jeder Entwicklung, dem Wechsel von Entstehen und Vergehen, von Tod und Auferstehung.

Die wahre Befreiung des Menschen besteht also darin, nicht nur die Geburt alles Äußerlichen zu wollen – das wäre leicht, denn man will sich dann damit identifizieren, will zeigen, was man zustande gebracht hat –, sondern auch schon von Anfang an auch dessen Tod zu wollen. So plane ich schon von vornherein Entstehung *und Tod* einer Institution, denn weder ihre Geburt noch ihr Untergang sind das, was *wahrhaft* gewollt wird; beide sind vielmehr lediglich die Bedingung für das, was der Mensch eben zum einen durch den Prozess der Entstehung und zum anderen durch den Prozess des Untergangs in seinem Wesen wird.

So gibt es zwei Grundmöglichkeiten der Selbstidentifikation für den Menschen. Man kann sich mit dem Gewordenen identifizieren, und man kann sich mit dem Werdenden identifizieren. Im ersten Fall sind die Menschen sehr viel ärmer, denn sie können unmöglich wirklich frei sein. Indem sie sich mit dem schon Gewordenen identifizieren, identifizieren sie sich mit dem Toten und wollen es verewigen. Wer sich dagegen mit dem Werdenden identifiziert, mit der immer offenen Evolution des Menschen selbst, betrachtet alles Gewordene lediglich als Grundlage. Er schätzt es als notwendige Bedingung und will in dem

Augenblick seinen Tod, indem die Bedingung anfängt, die Entwicklung zu hemmen.

Unter welchen Voraussetzungen wird dasjenige, was in einem bestimmten Augenblick und zu einem bestimmten Zeitpunkt günstige Bedingung war, auch noch nach zehn Jahren genauso günstige Bedingung sein? Einzig und allein unter der Voraussetzung, dass die beteiligten Menschen gleich geblieben sind. Und welch eine apokalyptische Katastrophe wäre das! Wenn ich hingegen, wie es sein muss, im Verlaufe dieser zehn Jahre ganz anders geworden bin, müssen die äußeren Bedingungen, die vor zehn Jahren für meine damalige Entwicklung günstig waren, für meine jetzige ungünstig geworden sein. Denn das ist das Zeichen dafür, dass ich mich weiterentwickelt habe. Und so will ich, dass auch die alten Bedingungen andere werden, will es aus freien Stücken und mit Freude im Hinblick auf das, was an Neuem entstehen soll. So sagt einer einmal empört zu seinem Freund: Aber vor zehn Jahren hast du etwas ganz anderes behauptet! Und der Freund: Sicher, weil ich inzwischen etwas dazugelernt habe. Du aber nicht? Dies bedeutet wiederum nicht, dass es gut wäre, alle zehn Tage seine Weltanschauung von Grund auf zu ändern!

Wir sind wirklich am Anfang dieser Übung der Freiheit. Die große Versuchung des Menschen besteht darin, etwas *sein* zu wollen, und seine große Befreiung besteht darin, etwas *werden* zu wollen. Wenn ein Mensch sich zu sehr dessen rühmt, was er schon ist, was er schon geworden ist, so wendet er seinen Blick ab von dem, was er noch werden kann. Es kommt zu der psychologischen Haltung, dass ich mich mit dem ganz identifiziere, was ich schon bin, und nicht mit dem, was noch zu werden ich die Möglichkeit habe. Im *Faust* heißt es aber am Ende, wie schon erwähnt: «Wer immer strebend sich bemüht, den können wir erlösen.» Das heißt: Wir können in das Reich des Geistigen, in das Reich der Kreativität, wo man immer in Entwicklung begriffen ist, nur den aufnehmen, der niemals stehen bleibt, der immer im Werden bleibt, der sich niemals nur mit dem identifiziert, was er schon geworden ist, sondern vielmehr mit dem, was er immer noch werden darf.

Heißt das nun, dass alles, was geworden ist, alles, was ich schon bin, nichts wert sei? Nein! Das, was ich schon geworden bin, wird zur unerlässlichen Bedingung für das, was ich noch werden kann. Eine unbedingt notwendige Bedingung und Grundlage! Aber das ist nicht meine Identität: Es ist das Terrain für das, was jetzt, in diesem Augenblick, in der unerschöpflichen Kreativität des menschlichen Geistes an Neuem bei mir ersteht.

Die Liebe als Apokalypse des Alltags

Angesichts dieser Überlegungen über das Kontinuierliche und das Umbruchartige, über das Fortbestehende und das Überraschende, über die kleinen Handlungen des Alltags und die großen Umwälzungen der Geschichte ist mir folgende Frage in den Sinn gekommen: Ist die *Liebe* etwas Konstantes oder etwas Apokalyptisches? Ist sie etwas Kontinuierliches oder etwas überraschend Auftretendes? Gehört sie in den Bereich des Alltags, oder betrifft sie nur die großen Umwälzungen?

Kleine Menschen wollen große Taten vollbringen, eben weil sie klein sind. Große Menschen können kleine Dinge mit großem Herzen tun. Wahre Größe liegt niemals in den Handlungen, sondern immer im Herzen, im Geist, der sie vollbringt. Je innerlich größer der Mensch ist, desto weniger sucht er äußere Sensationen, denn das Sensationelle ist die falsche äußere Größe, sie versucht die fehlende innere Größe zu ersetzen. Wahre Größe liegt also im Alltäglichen. Wenn wir das Alltägliche vernachlässigen oder geringschätzen, so verlassen wir die wahre menschliche Dimension, die diejenige des «Tag für Tag» ist. Die Größe des Geistes, des Herzens und des Sinnes kennt keine Grenzen; sie kann sich immer und überall im Alltäglichen äußern. Nicht indem wir große Dinge tun, sind wir groß, sondern indem wir groß sind in den kleinsten Dingen.

Eine andere Erfahrung der Art, dass äußerlich alles kontinuierlich und konstant bleibt, aber innerlich eine apokalyptische Revolution geschehen muss, ist die Entscheidung zur *Aufmerksamkeit,* die sich am stärksten in der Kraft äußert, in der konkreten Begegnung *Herzensinteresse* für den anderen Menschen zu fassen. Da jeder von uns als Ergebnis der vergangenen Evolution ein Egoist ist, besteht die größte tägliche Apokalypse in der Selbstüberwindung, durch die das Sich-Interessieren für seinen Mitmenschen innerlich entzündet wird.

Auf diese Weise wird die Liebe konkret. Wenn wir nur allgemein von Liebe sprechen, so ist das etwas Vages. Es handelt sich vielmehr darum, jene Kräfte in mir zu pflegen, die mir erlauben, mich wirklich für den Anderen, der mir hier und jetzt begegnet, zu interessieren, willentlich das zu pflegen, was mich in den Stand versetzt, ihm meine volle Aufmerksamkeit zu schenken. Denn von allein kommt das nicht. Entweder lernen und üben wir es, uns wirklich füreinander zu interessieren, weil unsere Mitmenschen ebenso Glieder des menschlichen Organismus sind wie wir selbst – oder es kommt zu äußeren Katastrophen, die uns wachrütteln, um uns auf unsere Versäumnisse aufmerksam zu machen.

Rudolf Steiner nennt in diesem Zusammenhang unter vielen anderen folgende beiden Elemente: auf der einen Seite die Grundüberzeugung der Menschen, die sich in erster Linie als Proletarier oder Arbeitnehmer erleben, und auf der anderen Seite diejenige derer, die sich hauptsächlich als Unternehmer und Arbeitgeber sehen.[*]

Der Arbeiter denkt: Ich lebe von meiner Arbeit. Der Unternehmer sagt: Ich lebe von meinem Geld, von meinem Kapital. Das sind aber zwei große Unwahrheiten.

Nehmen wir den ersten Fall. Wenn ein Mensch von sich sagt, er lebe von seiner Arbeit, so lügt er eigentlich, denn kein Mensch lebt heute angesichts der Arbeitsteilung in allen Produktionsprozessen von seiner eigenen Arbeit. Jeder Mensch lebt von der Arbeit aller Menschen. Die innere Einstellung, die hinter dem Glauben steht, man lebe von seiner eigenen Arbeit, ist in Wirklichkeit ein Zeichen dafür, dass man sich nicht für die Anderen interessiert. Man lebt in der Illusion, für sich selbst zu sorgen, und man ignoriert, wieviel die Anderen für einen tun.

Wir müssen beachten, dass hier nicht eigentlich von «Interesse *haben*» für den Mitmenschen die Rede ist, sondern von «Sich-Interessieren», von Interesse *fassen*. «Interessiert sein» weist auf einen bereits vorhandenen Seelenzustand hin. Interesse fassen, sich interessieren geschieht hingegen nur dann, wenn ich es bewusst und freiwillig übe. Eine Mutter braucht im Normalfall für ihr Kind kein Interesse zu fassen, weil sie schon Interesse hat. Für die Kinder der Anderen kann sie sich dagegen *interessieren*. Wo Interesse fehlt, ist das Sich-Interessieren vonnöten.

* «Die Zukunft von Kapital und menschlicher Arbeitskraft», Vortrag am 13. Mai 1919; in: Neugestaltung des sozialen Organismus. GA 330, Dornach [2]1983.

Und warum fehlt oft das Interesse für den Anderen? Um uns die Möglichkeit zu geben, es frei zu fassen, es frei zu üben! Ein wesentlicher Bestandteil dieses Sich-Interessierens besteht darin, dass ich mir vergegenwärtige, dass ich von den Talenten und von den Leistungen aller Menschen lebe, nicht von meiner Arbeit. Auf diese Weise fange ich an, mich für alle Menschen zu interessieren, weil ich ohne die anderen Menschen untergehen würde. Ich hege in mir unendliche Dankbarkeit, die sehr wohltuend sein kann.

Aber auch der Kapitalist, der glaubt, er lebe von seinem Geld, lebt in einer argen Illusion. Stellen wir uns vor, er müsste anfangen, seine Hunderterscheine aufzuessen! Es ist in Wirklichkeit so, dass ihm sein Kapital ermöglicht, so und soviele Menschen für sich arbeiten zu lassen, und aufgrund der Arbeit dieser Menschen hat er die Dinge, von denen er leben kann. Wenn es wahr wäre, dass er nur vom Kapital lebt, ohne selber für die Anderen etwas zu leisten, dann würde er nur dadurch leben, dass er Andere ausnützt. Wenn man diese Dinge objektiv und ohne Emotion betrachtet, so helfen sie einem zu verstehen, in welcher Illusion, in welcher Unfreiheit wir alle leben, insoweit wir kein wahres Interesse für unseren Nächsten aufbringen. Die letzte Konsequenz des Interesses am Anderen ist das Sich-Erleben als ein Glied in dem einheitlichen Organismus der Menschheit.

Wenn wir diese beiden Illusionen, die des «Arbeiters» in uns und die des «Unternehmers» in uns, durchschauen – denn jeder Mensch ist immer wieder beides –, können wir fragen, worin dann die richtige Haltung bestehe. Da ich ein Mensch mit vielen Bedürfnissen bin, lebe ich dank der Anderen, die meine Bedürfnisse befriedigen. Und als Mensch, der viele Talente hat, lebe ich für die Anderen. Es gibt im eigentlichen Sinne keine mehr oder weniger talentierten Menschen, denn jeder hat sein volles Maß an Talenten. Dass einer ein Fass voll hat und ein anderer nur ein Gläschen voll, spielt keine Rolle; jeder hat ein volles Maß. Jede menschliche Individualität ist eine unerschöpfliche Quelle von Talenten.

Die beiden falschen Sätze müssen richtig formuliert also folgendermaßen lauten: Als Mensch mit vielen Bedürfnissen lebe ich dank der Begabungen der Anderen, und als Mensch mit vielen Talenten lebe ich für die Anderen. Diese zweifache Aufmerksamkeit der Liebe geschieht immer wieder durch eine innere apokalyptische Wandlung in der äußeren Gleichförmigkeit des Alltags.

Wenn wir diese «alltägliche» Pflege der Aufmerksamkeit und des Interesses auf die großen Ereignisse an der Jahrtausendwende zurückbeziehen, so können wir uns sagen: Auch was diese menschheitlichen Ereignisse betrifft, geht es darum, die Kräfte der Liebe und des Interesses auf die ganze Menschheit zu erweitern. Diese Erweiterung der Horizonte geschieht wiederum im alltäglichen Leben, sogar zunächst in der Innerlichkeit des Menschen, äußerlich ganz unbemerkt. Wenn aber immer mehr Menschen diese innere Wandlung immer tiefer vollziehen, zeigt sich die Erneuerung mehr und mehr auch äußerlich: Die Mitte der Menschheit fängt wieder an, ein schlagendes Herz zu werden; Ost und West begegnen sich und fördern sich gegenseitig, selbst die Gegenkraft Ahriman fördert die Kraft des Guten, und immer mehr Menschen wissen aus eigener innerlich-geistiger Erfahrung um das Wesen der Liebe.

Ist die Wiederverkörperung
mit dem Christentum vereinbar?

Pietro Archiati
**Erneuertes Christentum
und Wiederverkörperung**
168 Seiten, gebunden
mit Schutzumschlag

In den sechs Vorträgen, die Pietro Archiati im Frühjahr 1994 in Rom gehalten hat, geht es um die Frage, welche Auswirkung die Tatsache der Wiederverkörperung auf das Verständnis des Christentums hat.

Pietro Archiatis Darstellung geht grundlegenden theologischen, philosophischen und anthroposophischen Fragestellungen nach. Sie richtet sich an eine breite Öffentlichkeit, die an einer Verständigung in der Frage der Wiederverkörperung und ihres Verhältnisses zum Christentum interessiert ist.

Verlag Freies Geistesleben

*Was können uns die Evangelien
heute noch sagen?*

Pietro Archiati
Esoterik der Evangelien
Für das Christentum des neuen Jahrtausends.
ca. 200 Seiten, kartoniert
erscheint im Frühjahr 1998

Aus dem Inhalt:
*I. Der arme verfluchte Feigenbaum / II. Dein Vertrauen
hat dich gesund gemacht / III. Kein Wunder, dass Wunder
geschehen … / IV. Lazarus wird zur Erde zurück gerufen /
V. Kain und Ödipus im Schicksal des Judasmenschen /
VI. Das Grab ist leer und wo ist ER? / VII. Die Nachfolge
Christi: Petrus und Johannes …*

Verlag Freies Geistesleben

Der Mensch und das Böse

Das Mysterium des Bösen
10 Vorträge von Rudolf Steiner.
Ausgewählt und herausgegeben
von Michael Kalisch.
Themen aus dem Gesamtwerk, Bd. 19
327 Seiten

Aus dem Inhalt:
Ursprung und Wesen des Bösen / Alles Leben entwickelt
sich zwischen polaren Kräften – Luziferisches und Ahrimanisches / Die Folgen und der Ausgleich des «Sünden-
falls» / Die Steigerung des Bösen und die Aufgabe des
gegenwärtigen Bewußtseinsseelenzeitalters / «666» und
die Zukunft der Menschheit – Die Aufgabe des Manichäis-
mus.

Verlag Freies Geistesleben